齐白石的青少年时代

林浩基 著

河北出版传媒集团
河北人民出版社

图书在版编目（CIP）数据

齐白石的青少年时代/林浩基著. 一石家庄：河北人民出版社，2011.11 (2012.6重印)
（大师的青少年时代）
ISBN 978-7-202-05995-1

Ⅰ.①齐… Ⅱ.①林… Ⅲ.①齐白石（1864～1957）一生平事迹 Ⅳ.①K825.72

中国版本图书馆CIP数据核字（2011）第178550号

丛 书 名 大师的青少年时代丛书（第二辑）
书　　名 齐白石的青少年时代
著　　者 林浩基

责任编辑 王 轶 段 鲲 付 聪
美术编辑 于艳红
责任校对 付敬华

出版发行 河北出版传媒集团 河北人民出版社
（石家庄市友谊北大街330号）
印　　刷 涿州市京南印刷厂
开　　本 850×1168毫米 1/32
印　　张 6.625
字　　数 136 000
版　　次 2011年11月第1版 2012年6月云南第1次印刷
书　　号 ISBN 978-7-202-05995-1/I·845
定　　价 14.50元

目录

齐白石的青少年时代

一 引子

齐白石，这个光辉的名字，早已同他的精品佳作一起，传遍了世界各地，走进了千家万户。

在近一个世纪的生命历程中，他用一管不朽的笔，创作了三万多幅画、三千多首诗词、三千多枚印章。歌颂祖国美丽的江河山川，描绘质朴的民间百姓生活，发扬了爱憎分明的品格。1956年4月，世界和平理事会确定1955年度全世界四位国际和平奖金获得者，齐白石是其中的一位。这个奖项包括一份荣誉奖状、一枚金质奖章和五百万法国法郎。

在北京举行的盛大、隆重的授奖仪式上，这位当时已经九十多岁的老人，在自己的答辩中说：

> 正由于爱我的家乡，爱我祖国美丽富饶的山河大地，爱大地上一切活生生的生命，因而花了我毕生的精力，把一个普通中国人的感情画在画里，写在诗里。……

在中国当代的画坛上，正是齐白石，将中国传统的文人画推向了一个崭新的高度，一个至今无人超越的高度。他的画，工、笔兼备，匠心独具，意境深远，造诣精深。他笔下的人物、山水、花鸟、鱼虫，用笔简洁，形象毕肖，栩栩如生，令人叹为观止。为海内外人士珍藏的佳品。

齐白石的印章直追汉魏，自成一体，同他的诗、书、画一道，被艺坛称为齐氏“四绝”，是中国艺术史上一座巍峨的丰碑，是中华文化宝库中弥足珍贵的遗产。

然而，这样一位伟大的中国画大师，却出生于一个世代贫苦的农民家中。因为贫穷，他只读了半年的书，就不得不放下书本，去放牛、除草、耕地、上山砍柴，以小小的年纪，分担着父辈沉重的劳动。

在极为艰难的逆境中，小小年纪的齐白石，没有为生活所压倒，没有屈服于命运的安排。在日常繁重的劳动中，他没有放下书本。他拿起画笔，顽强地、不间断地学习着，一步一个脚印，走向成熟，走出湘潭乡，以自己的作品，传递着对世界的观察和画家的情怀。在艺苑中逐步开辟出一条属于自己的、崭新的艺术人生之路。

如果说，齐白石的诗、书、画、印俱绝，那么他艰难奋进、跌宕起伏的传奇一生，同样令人扼腕，令人感慨，令人久久思索，并能从中吸取教益。

二　贫苦良善的农家

齐白石，出生于同治二年11月22日一个寒冷的冬夜。也就是公元1864年1月1日。

他的家乡是湖南湘潭白石铺的杏子坞星斗塘。这里青山环抱，草木葱郁，百十来户的农家，常年下地种田上山砍柴，过着宁静的农耕生活。

齐白石的祖父叫万秉公，字宋交，在兄弟中排行第十，所以乡亲都叫他“齐十爷”。他身强体壮，样样农活精通，为人仗义，勤劳善良，终年风里来，雨里去，辛劳地耕作着祖传的一亩地，维护着几间茅草屋，艰难地生活着。

他的妻子也是贫苦的农家后代，以至于她的真实姓名，至今无人知晓。嫁给齐十爷后，人家称她为“齐十娘”。她为人温顺，不多言语，吃苦耐劳，每天忙碌在菜园里、厨房中。婚后，他们有了一个独生子，叫齐以德。如果说齐十爷刚毅、敢作敢为，那么这个齐以德则有点懦弱怕事。长大后，齐以德娶了周家湾周雨若的闺女为妻。周氏里外都是一把劳动的好手，待人热情谦和，人缘好，人们都称她“德嫂子”。

齐白石就是降生在这样一个质朴、善良的农家。

三更时分，齐十爷勾起食指关节，轻轻地敲了几下壁板，叫道：“璜儿他妈，起来吧，时候不早了。”

“知道了。”里屋传来年轻女子的声音。

齐十爷坐了起来，从枕头下取出一盒火柴，点着了油灯。微弱的灯火忽闪忽闪的，使这间三丈见方大的屋子内陈放的一切，显示了朦胧的轮廓。

床头依着窗户。窗户上挂着半截打着补丁的花格旧帘子。下面摆着一张陈旧的、凹凸不平、裂开了缝的小条桌，桌上堆满大大小小的坛坛罐罐。

对面的墙上挂着斗笠、衣服，下面两个大缸，盖着木盖，是盛全家的口粮用的，可里面空空的，没有一粒米。

齐十爷靠着床头，扫了一眼他早已十分熟悉的屋子，拿出了烟具，装上了烟丝，弯下身子，就着油灯，吧嗒、吧嗒地抽了起来。

他深深地吸了一口，慢慢地，青灰色的烟雾，从他的鼻孔里、两片厚厚的嘴唇缝间溢了出来，一缕缕袅袅地上升，到了最高处，渐渐地消失莫辨了。

这是他唯一的嗜好和享受。对于一个身处湖南穷乡僻壤之中的贫苦农民来说，生活中也没有什么比这更高的享受了。

他两眼直视着天花板，静默地吸着，吐着，看着，想着，他是在玩味，也是在思索。

昨晚，他上床很早，但是一直未曾合眼。额头上、眼角处，那深深刻下的又粗又密的皱纹，今天似乎更多了。一张慈祥的、饱经风霜的古铜色的脸，使他显得比实际58岁的年龄更苍老些。

阿芝来到世间已经八个月了。这是他第一个孙子。老年得孙，三代同堂，虽然穷，心头还是甜的。前村的张老汉，扛长活时的伙伴，67岁了，几乎比他大一轮，还没有孙子，急得不得了，而他倒先抱上了。他心花怒放，那喜悦自豪的心情，不亚于孩子的父母。

每天收工回来，跨进门槛，他问的第一声是："阿芝睡了吗？今天好吧？"

夜阑人静，除了远处不时传来的几声狗吠，大地已酣睡了，而劳累了一天的他，常常兴奋得睡不着，望着窗外一钩新月，思绪万千。有时他忍不住摇几下身边的老伴，问道：

"睡着啦？睡得着？"

"看你，自己不睡，还不让别人睡？"老伴转过身，嗔怪着，一双惺忪的眼睛望着他："你想什么？"

"想我们阿芝，"齐十爷看了一眼老伴，掖了掖披在身上的衣服，微笑着说，"我们的阿芝将来有出息。我做了一个梦，说他长大了，成了银匠，手真巧，玉镯、耳环、佩饰，什么都会做。找他的人真多。他还去长沙住了好几个月，带回了很多很多东西。"

平静低沉的语调，隐含着难以压抑的兴奋心情。

他似乎还在甜蜜的梦境中，憧憬着阿芝美好的未来。

老伴被他带进了一个美妙的世界。她也许没有丈夫那种身临其境的体验，然而她能根据自己的生活经验，想象出一个并不亚于丈夫梦境的美好世界来。

“可惜他身体太弱了，三天两头闹病。”老伴一想到这，兴奋的神情消失了，蒙上了一层愁苦的阴影。

齐十爷没有马上回答。停了好大一阵子，他忽然想起了什么似的：

“那几个铜板还在吗？”

“不早就拿去买盐了吗？”

“那就让以德到大庄那里借一点，秋后还。”大庄是住在离杏子坞三十多里外的一位齐十爷的朋友。

“只好这样了。听说他这几年学了手艺，生意不错，日子过得还可以。”

“今天就去吧，你也一道去，快点回来。”齐十爷说着，披衣起床，操起了一把镰刀去开门。

“大清早，干什么去？”老伴不解地问。

“摘几个丝瓜，带给大庄尝尝！”说着，他掩上了门……

母子去了大半天，还没有回来。齐十爷从中午到黄昏，焦急地巴望着。不知他们找到大庄没有，会不会出什么事？

掌灯时分，仍然没有见到他们的影子，齐十爷估计他们可能去另一个亲戚家了，老伴临走前曾经提到过。他回到屋里，点上了灯，打开箱子，仔细地翻着。

在箱底的右角，他取出了一件旧的黑棉袄，从棉袄左边的口袋里，取出了一个包了一层又一层的小包包。

他小心翼翼地一层层打开，揭开了最里面的一层，一对银首饰呈现在眼前。

这是一对制作十分精美的手镯。在几毫米宽的镯面上，刻着飞腾的龙，在两端的连接处，一只刻着“吉祥”，另一只刻着“如意”的篆体字，布局严谨又富于变化。

齐十爷仔细地端详着。他好像第一次发现了它的精美，爱不释手。这是齐家唯一珍贵的财宝，也是老伴陪嫁的唯一信物。有一年，他的长子齐以德，也就是阿芝的父亲，得了重病，几亩薄田又遇着干旱，他心急如焚，背着老伴，把这一对镯子当了，请了医生为孩子治病。老伴知道后，跑了几家亲友，借了钱，硬是把镯子赎了回来，因此背了好多年的债。

现在阿芝又生病了，时好时坏。老伴去借款，到现在没回来。儿媳齐周氏要去抓药，要去寺中还愿，于是，他又想到了这对镯子。

齐十爷重新包好了手镯，推开房门，见齐周氏正在洗脸，顺手将小包放在靠墙的方桌上：

“把镯子当了，治病要紧。”

“等一等，他们回来再说吧。”齐周氏用充满疑虑、恳求的目光看着公公：“家里值钱的就这一件了，以后有急事怎么办？”

她知道这镯子对全家，对公公、婆婆的分量，也了解过去为她丈夫典当过它的往事。

“孩子治病要紧，将来家境好了，不愁买不到。”齐十爷宽慰着儿媳。其实，他自己又何曾不想到这些呢！

齐周氏默默无言，暗暗地擦着眼泪。

她今年19岁，身材匀称，浓密、乌亮的长发被拢到脑后，盘梳成一个发髻，显出农家少妇青春的气息。大大的眼睛，陷入很深，好像时时都在想着什么。

她的父亲周雨若是个读书人，十载寒窗，经、史、子、集读了不少，是乡间百里之内闻名的老夫子。他秉性耿介，绝不趋炎附势。清王朝到了光绪年间，国势江河日下，连科场也腐败不堪，官家贵族更是无恶不作，欺压平民，对此，他痛心疾首。因此，决心隐居在这穷乡僻壤，教起蒙馆，过着淡泊、清苦的生活。

在那样的一个年代，像他这样一个手无缚鸡之力的穷困书生，其凄凉的生活景况，不亚于一般农家。

他很疼爱女儿，女儿给他忧郁、暗淡的生活带来了温馨和欢乐。长到了16岁，女儿出落得标致、聪明，招人喜爱。一时间，登门说亲的人一个接一个。他们之中，有名门望族的纨绔子弟，有富商巨贾的少爷公子，也有农家子弟。

周雨若从自己的遭遇中，看透了所谓“书中自有黄金屋，书中自有颜如玉”之类的虚伪说教。他终生引为憾事的，是自己连累了妻子。他决计替女儿寻找一个勤劳、善良、自食其力的劳动者，过千百年来祖传下来的“日出而作，日落而息”的田园生活。他了解齐家穷困的景况，更了解齐十爷的为人与品格，征得了女儿的意见后，他与齐家定下了这门亲事。

做新娘的第一天，婆婆拉着她的手，坐在床沿上，慈祥、亲切地端详着她。婆婆心里甜滋滋，她能够娶到周家的女儿做媳妇，受到邻里的称赞与羡慕。乡亲们的谈论传到她的耳朵里，她感到了一种从未有过的欣慰与骄傲。她穷，这她知道，但穷得有志气，活得有人格，得到了大家的承认。甚至像周雨若这样有学问的人，都愿意同她家联姻，人世间还有什么比这更值得自豪的呢？

她激动得说不出话，只是慰勉地说了一句：“家道兴旺，全靠自己。”婆婆声音很低，但充满感情，很有分量。

齐周氏抬起了头，眼眶里含着泪水，感激地注视着婆婆，轻轻地点点头。

婚后三天，她干活了，挑水、做饭、养鸡、打柴，里里外外，样样都干。

她深信婆婆的话：“家道兴旺，全靠自己。”自己有一双手，能干活，只要勤快，肯吃苦，日子没有过不好的。

在这个勤劳、质朴的家，日子过得虽然清苦，但很幸福，很温暖。慈祥、温顺的婆婆，正直、疾恶如仇的公公，敦厚憨直的丈夫，和谐地结合在一起。她本来没有过高的奢望。而今该得到的，她都得到了，她怎么不庆幸呢！

齐白石原来的名字，是公公起的，叫纯芝。“纯”字是齐家的辈分。齐十爷又按照不知开始于何年的家族家谱老习惯，给纯芝起了个号，叫“渭清”，后来又起了个叫“兰亭”的号。不过，他们总是亲昵地叫他“阿芝”。

这里要说明的是，后来，齐白石的老师、齐白石自己，也给自己起过许多的名字、号、另号等等，但是，齐白石这个名字是他的授业恩师胡沁园给他起的。这是后话。

阿芝未来的命运如何，除了齐十爷那个甜蜜的梦之外，婆婆还找乡间闻名的一个星相先生算过命，也是说不错。除此之外，一切都是朦胧的。只是这孩子虚弱的身体，常常给他们的生活投上一层阴影。

春末刚刚治好了腹泻，大家舒了一口气，平静了好几天，谁知又发上了低烧。请医生、求佛爷、卜卦、算命，办法都用尽了。

婆婆是虔诚地皈依佛祖的。元宵时，她赶到十里外山那边的寺庙里，向着释迦牟尼佛，为阿芝许下了愿。今天到了还愿的日期，而且三剂中药已经服完了，按照医生的意见，还要再服三剂，可是，家里一贫如洗，不得已，婆婆和丈夫踏上了借贷的路途。

她曾经同齐以德说，她回娘家找爸爸，或许能想些办法。但是，齐十爷说什么也不让再难为亲家了。他知道亲家也过着贫寒的生活，自己无法资助他，哪能再增加他的负担！何况上次阿芝发高烧，几天退不下来，周雨若不知怎样得到消息，冒着倾盆大雨，亲自带着医生赶来了。他还把自己珍藏的一方砚台卖了，给齐十爷送来了几两银子。

昨天晚上，齐十爷说要将镯子当出去，她坚决不同意。公公生气了：

“你爸爸的古董都卖了，这镯子你还舍不得？”

她劝不住，只好按照公公的意见办。

吃完了饭，换上了那件她平时一直舍不得穿的红花白底罩衣，将公公包好了的镯子，放在贴身的衣袋里。

天已经大亮了。湛蓝的天空飘浮着几丝白白的云彩。太阳从东边那黛青色的山后，冉冉地升起。金色的阳光，透过青翠的松树林，在林间放射出一道道耀眼的光柱。

到处是一片绿的海洋。北山上繁茂的树林，南山坡摇曳多姿的竹丛，还有遍野青青的芳草，处处洋溢着牛命的力量。

杏子坞的星斗塘，就坐落在这群山环抱、幽静、美丽的山谷之中。

星斗塘，有着美丽的传说，很早很早以前，一个仙人关心这里的一片稻田水源困难，便从天上扔下一块大石头来，把地面砸了一个大窟窿，变成了塘，后来人们就叫它星斗塘。塘水平静如镜，水中长着茂盛的、碧绿的荷叶。

齐周氏信步走到塘边，对着清澈的塘水，照照自己的身影。她发觉自己瘦多了。的确，这些日子里，公公、丈夫在外干活，婆婆年老体弱，家庭的一切重担全部落到了她的身上。从砍柴、挑水、做饭，到一家人的衣服洗涮缝补，都由她承担着。她还凭着一双灵巧的手，在房前屋后开出了一片片菜地，种上了豆角等各种时令蔬菜。她还养了十几只大母鸡，天天下蛋，自家却很少吃，总是拿到市镇上去换盐和日用品。

春去夏来，年复一年，她尽心地安排一家人的生活。结婚时才16岁，但是她很快就成了这个家庭的主心骨。公公、婆婆有什么事，都喜欢找她商量。她不轻易地表态，但是，一旦表明了自己赞同什么，反对什么，那准是没错儿的。

有了孩子，无形地给她增添了更多的负担，但是她得到了精神上的补偿。可是，孩子体弱多病，又未免使她揪心。她吃不好，睡不稳。她把整个身心都倾注到了阿芝的身上，阿芝牵动了她的每一根神经，影响着她这个家的忧愁与欢乐。似乎这个家庭的每一件事，都是围绕着阿芝的健康旋转的。

齐周氏转过了池塘，急急地赶着路，还在惦念着阿芝：哭了没有？公公照顾得了吗？婆婆不在家，也只好难为他老人家了。她一心想着当了镯子，抓了药，就去寺里还愿，求菩萨保佑，阿芝能渐渐地好起来。

她爸爸是不信佛的，说那是虚幻之说。从小时候开始，周雨若就给她讲王充的《天问》，讲无神论的观点。她信，但是接触到现实的世界，疑虑产生了。她不明白，为什么同样的人，同样的十月怀胎，有的终生过着锦衣玉食的生活，有的却祖祖辈辈的穷困潦倒。

她小时候认识的爸爸的一些学友，有的升了道台、县令，有的却生活十分凄凉，连她爸爸目前这样的生活都不如。她百思不得其解。趁爸爸情绪比较好的时候，她将这些问题端到爸爸的面前，仰着头，用一双天真的、疑虑的目光看着爸爸，希望能得到一个正确的答案。

爸爸不总是能满足女儿的愿望。因为诸如此类的问题，他不是没有思虑过，不过，他找不到明确的答案。他痛切地感到了世道的不公平，但是，根源在哪里呢？从孔圣人到朱熹，谁能做出满意的答复？难道人世间真是受命运的主宰？在艰难困顿之中，他也曾这样怀疑过、动摇过。

三 “人活着就是这口气”

当铺在街市东头高高的围墙右侧，一个一丈见方的大“当”字，触目惊心，越走近它，它对你的威胁越强烈。正门倒是并不宽大。进了门，就是一个长长的大柜台，足有五尺来高。柜台上摆满衣服、古董、首饰之类，造型生动、别致，色彩斑斓的玛瑙、料器、珍珠等做成的项链、佩饰，以及许多金的、银的手镯、戒指、耳垂等等，琳琅满目。

迈上一级级的台阶，齐周氏站在柜台前，睁大眼睛，惊奇地看着这些她听都未曾听过的珍宝。

今天，来典当的人不少。店堂里的伙计们都在热情地接待顾客。他们似乎都是鉴赏古物的行家，仔细地端详着每一件物品，精细地检看着，敲打着，不时与来客低声地议论着物品出产的年代、质量和行情。

右边那个穿昆士蓝长衫的中年店伙，戴着眼镜，一边与一个穿着“湘勇”衣服、拄着拐杖的“湘勇”谈着，一边向齐周氏点点头，示意她等一等。

齐周氏会意地笑了笑。她下意识地摸了摸胸前的那个小包包，生怕被人抢去似的。她没想到人会这么多，只好静静地等候着。

那个“湘勇”与店伙计争论不休。

“这可是真货。上海当铺说是元朝宫苑妃子的饰物。”“湘勇”眉飞色舞地争辩着，“人家出了这么个价，我都没有答应。”他伸出五指，上下翻动了八下，意思是四百两银子。

店伙计不屑一顾地斜了他一眼，将东西推给了他：“这是乾隆年间的东西，扬州作坊做的，不信，你自己看看？上面都刻着字，篆体，年代、产地都有，能假？”

“湘勇”被他抢白了几句，涨红了脸，取过胸佩，又仔细地看了半天。他不敢相信，这怎么会是假的呢？难道大个李骗了自己不成？他想起，冲进忠王府，他是跑在最前面的。宽大的宫殿里，空无一人，太平军的将士全部殉难了。他和伙计们取出一个个早已准备好了的口袋，穿堂入室，把一切认为有价值的东西，统统装进了口袋。后来，大伙儿都拿出了自己劫掠的“胜利品”，互相观摩着。大个李拿着他现在这个胸佩，走到他的面前，说那是“纯金的，元朝的东西，价值连城”，馋得他用自个儿全部抢来的东西跟他换了。现在，他不知是店伙计存心骗他，还是大个李已经骗了他。他想发作又不敢。前些日子，一个“湘勇”作恶太多，半夜三更被人拉出去，活埋了。一想起这，就心惊肉跳。他知道众怒难犯，况且自己只剩下一条腿了。

“那么，你给个价吧！”他急着要用钱。

"最多这个，"店伙计傲慢地伸出两个手指头，"你这金子还不纯净，只有百分之七十。这可是个高价啊！在苏杭一带，顶多值二十来两银子。"

"湘勇"恼怒了，一副气势汹汹的样子。可惜他只有一条腿，要不，他准会跃过柜台给店伙计几拳几脚。可是，他只好无可奈何地收起自己的东西，恨恨地看了几眼店伙计，骂骂咧咧，一颠一跛地走了。

善良的齐周氏，静静地看着眼前这一切。对于这个残疾人她一点也不同情，因为她听父亲讲过太平军的事情，一见"湘勇"这个字眼，早就产生了厌恶，以至痛恨的情感。

她记得，阿芝出生后八个月，轰轰烈烈、震惊中外的太平天国农民革命失败了。1864年7月攻陷天京（南京），便是由曾国藩筹建、训练的"湘勇"这批家伙干的。"湘勇"攻进南京城后的血腥屠杀，奸淫抢掠、无恶不作的暴行，不断地传到了湘乡父老的耳中，谁不为之切齿痛恨呢！看着眼前店伙计抢白"湘勇"，她像是出了口气，为之振奋。

戴眼镜的店伙计走到齐周氏面前和气地问："妹子，你带来什么，看看。"齐周氏微笑着点点头，她一层层地打开了包布，取出手镯，轻轻地放在伙计伸出的手掌上。

伙计用长长的指甲，轻轻地拨去花纹上的尘埃，来回地看着，又放在手上掂了掂，用小锤子轻轻敲了敲，脸上露出了微笑：

“是真货，当一两银子吧。”

“好的，不过我还是要赎回来的。”

“当铺嘛，当然可以赎回。不过按我们的规矩，得有个期限，期限到了，不来赎，就算是出售了，可记得？”

“这我知道。”

“那好，手镯你先拿着，我同先生商量一下。”伙计转身进了室内。不一会儿，他拿着一张纸条出来说：“就这样吧。这是当票，得好好保存。”同时，把一两银子交给了她。

离开当铺，赶到了中药铺，她为阿芝抓了三剂药，然后又跑到食杂铺，想为阿芝买一点好吃的东西。连续的低热，使阿芝本来十分孱弱的身体更加消瘦下去，脸色苍白，没有一丝血色，而且有些水肿。她心想，要吃药，也要增加营养。家里给阿芝唯一的营养品，就是白糖拌米糊糊。这白糖还是用鸡蛋换来的。

她看了一下商店，各种食品，真是五光十色。她眼前闪过阿芝吃着可口的水果、糕点时那甜蜜的笑容。忽然，这笑容消失了，阿芝也消失了。她本能地摸怀里的那点银子。她知道这银子对于阿芝、对于她全家的意义和分量。

她迟疑了好半天，买了半斤杏仁饼，又看了一眼水果、蜜饯，恋恋不舍地离去……

时候已将近中午，晴朗的天空没有一丝云彩。太阳的光辉照耀着、温暖着大地上的树木、行人，使人感到了春的气息。

齐周氏走得很急。出了城，身上汗津津的。忽然，她感到后面好像有人跟着。转身一看，只见离她六七步远的地方，刚才当铺里的那个“湘勇”，一跛一跛地朝她赶来。她没理他，仍然走自己的路。

“咳，妹子，你慢点走，我有话同你说。”后面“湘勇”叫唤着。

齐周氏不免一惊，后退了几步，冷冷地问：

“有什么事？”

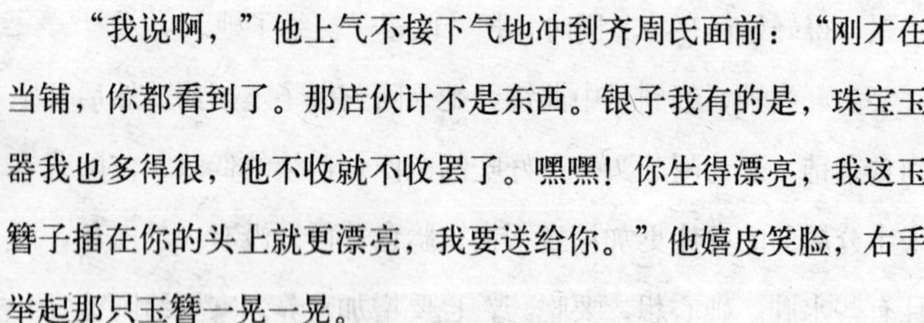

“我说啊，”他上气不接下气地冲到齐周氏面前：“刚才在当铺，你都看到了。那店伙计不是东西。银子我有的是，珠宝玉器我也多得很，他不收就不收罢了。嘿嘿！你生得漂亮，我这玉簪子插在你的头上就更漂亮，我要送给你。”他嬉皮笑脸，右手举起那只玉簪一晃一晃。

齐周氏像咬了一口肥皂似的恶心，怒火直冒：

“你放规矩点！谁稀罕你那不干净的东西！”

“嘿嘿！嘿嘿！小妹子，锃亮锃亮的，哪里不干净？”

“上面有血！老百姓的血！”

“湘勇”的脸刷一下变得灰白，献媚的假笑消失得无影无踪，三角眼里放出了两道凶光，咬牙大叫：

“你胡说八道！老子给你打长毛，丢了一条腿，是功臣！”

“你无耻！”

“你还敢骂我，再骂，我就收拾你！”

“你没有心肝！你是土匪！是强盗！”

“湘勇”瘦长的脖子暴起的青筋快要把颈子皮撕裂开了：“你这狗养的臭婆娘，老子要结果你！”他举起拐棍，使出牛劲，朝齐周氏打去。齐周氏轻轻一闪，那“湘勇”由于用力过猛，一只腿支撑不住，一个倒栽葱，扑通一声，摔倒在地上，嘴里冒出了鲜血。

这下子可是火上浇油。他抹了抹嘴角的血，猛地爬了起来，恶狠狠地骂道：“臭婊子！臭娼妇！老子好心送你东西，你不识相，还血口喷人，老子今天非得揍死你！……”说着，又举起拐棍，劈头砍下去。

冷不防，拐棍被一只强劲的手紧紧抓住了。他抬眼一看，抓住拐棍的是一个身穿青布大褂，高大壮实的青年男子。

看热闹的男女老少一下子来了很多，把三人团团围在当中，指画着，谈笑着。

“湘勇”大发雷霆，摆起架势，想把青年推翻在地，夺回他的拐棍。可抓住拐棍的手犹如一只铁掌，不能动摇丝毫。没奈何，动武不行只好动嘴：“关你什么事？你管得着！”

“白日青天，毒打良家妇女，谁都可以管。”

“老子好心好意送东西给她，她不识抬举，还说这东西上有老百姓的血。你们看看，有血没血？”他边骂骂咧咧，边将玉簪送到人们面前，引起了围观群众的一阵哄笑。

“有血没血，你心里最清楚。”齐周氏愤怒地指着他的鼻子骂道：“杀人越货，能干净吗！”

“你血口喷人！我这腿是怎样丢的？我是打长毛。”

“该！该！丢一条腿，两条腿全丢了才好哩！”齐周氏回骂得痛快淋漓，群众中一片叫好声。

“人家说得对嘛。做人要行得直，走得正。自己汗水换来的，才干净。”那青年男子接着说，“况且，你和她非亲非故，送给她首饰，你是存的什么心，难道你自己不明白？人家不要，你骂人打人，这是哪家的王法？”

人们纷纷指责“湘勇”。这兵痞一看势头不对，自知理亏便架起拐棍，灰溜溜地挤出人圈走了。但嘴还不示弱，回过头来凶狠地说：“说不过你们，老子到官府去理论。”

大家向齐周氏投去敬佩赞许的目光。齐周氏绯红着脸庞绽出笑靥，向大家道谢。

齐周氏刚跨进门，不爱说话的齐以德便急切地问：“听说你被‘湘勇’打啦？”

“没打着。”齐周氏看了丈夫一眼，不好意思地轻声回答。

“你不错，替我出了这口气。”公公高兴地看着齐周氏，称赞道，“人活着就是这口气啊。‘湘勇’是什么东西？你顶得好！来，给我把过年剩下的那半瓶酒拿来，喝它几盅。”

临窗的那张方桌旁，坐着齐十爷和他的儿子。桌上一碟盐水豆、一碟咸萝卜，婆婆还专门炒了一盘鸡蛋。

齐十爷古铜色的脸，由于兴奋，几杯落肚，泛起了红晕，在微弱的菜油灯下，放出异彩。

“长毛并不坏，有人却说不好；短毛真可恶，人倒恭维他。天下事还有是非吗？”他毫不掩饰心中的不平和愤恨，“抢劫了天王府，掳掠了南京城，发了横财，回到家乡，耀武扬威，说什么打了长毛立了功。谁见了，不在他们背后戳脊梁骨！”

齐周氏坐在一旁，静静地听着。老人疾恶如仇，远近闻名。她在出嫁前，就听说过。爸爸、妈妈当初同她说这门亲事，这一点，是作为一条重要理由向她提出来的。爸爸是满腹经纶的饱学之士，他对于人世间的曲直是非的强烈观念，深深地影响着她。她对于具有这样品格的人，是极为佩服的。她正是怀着这种心情，崇敬她的公公，爱护她的公公。

公公今天这样的高兴、畅快，是她几年来所少见的，这都是为了她。她感到了满足和幸福。

老人夹了一块鸡蛋，放进了嘴里，细细地嚼着、品着。这时，里屋传来了阿芝的哭声，齐周氏慌忙地跑了进去。

四　不识字要吃苦头

服了药，烧渐渐退了，又睡了一大觉，阿芝的精神显得好多了，白皙、细嫩的脸上，泛上了薄薄一层红晕，他张着嘴在笑，笑得甜甜的。

婆婆递过一块热毛巾给齐周氏，齐周氏轻轻地在阿芝的脸上擦着。

小阿芝越发精神焕发。一双机灵的、大大的眼睛转动着，张望着这屋内的一切。

春去夏来，南山的野花开了，谢了，又开了。阿芝在爸爸、妈妈、公公、婆婆的精心抚育下，渐渐长大了。

如今，又迎来了一个春天。

春风催开了漫山的野花，催绿了满树的新叶。和暖的阳光消融了河沟、水田里的薄冰。

青蛙轻捷地在池塘旁跳着，从一张碧绿的荷叶上跳到另一张荷叶上，鼓噪着，歌颂这快乐的春天的到来。

一身合适的蓝衣服，里面衬着洁白的衬衫；脚着一双妈妈精心绣了狮子头的黑布鞋，使阿芝更加显得标致。红扑扑的脸上略略隆起的鼻子，是端庄的特征；长长睫毛下闪忽着明亮的眼睛，总是不停地观察着什么。

他4岁了。随着年龄的增长，他的身体也一天天健壮起来。往昔许多令人愁苦的疾病，奇迹般地从他身上消失了，这给老人带来多么大的慰藉！

他最喜爱那有生命的东西，爱青蛙，爱小鸡，爱水塘里怡然自得的鱼和虾。

他不明白，鱼为什么会在水里游。那虾多美丽，透明，晶亮。两只长腿，各有一把钳子，倒退着走，真奇怪。

站在塘边，他仔细地观看着，常常忘了时间。一直到妈妈跑来找他回去吃饭，他还边走边张望着这些可爱的小动物。

这碧绿的星斗塘，是他的乐园，是他生命的摇篮。他每天不知要来这里多少趟。这里的一草一木，一鸟一虫，都启迪着他的心扉，吸引着他那充满幻想的好奇心。

今天一大早，他就来到了这里，玩了大半天，小伙伴们都渐渐地离去了，他还留恋在这里。

忽然，妈妈提着一篮子菜，手里拿着一大把各色各样的野花走来，阿芝高兴地迎着妈妈奔跑过去。

“不要跑，不要跑，小心被石头绊倒。”齐周氏三步并作两步，赶到孩子面前，蹲下身子，仔细地端详着，好像总看不够似的。

“一个人别老在这地方玩，掉到水里怎么办？”

“不会的。鱼会游水，我不会游水，这我知道。”阿芝依偎在妈妈的右肩上，小手轻轻地抚摩着妈妈的头发。

齐周氏把采撷来的野花举到儿子面前：

“妈妈送你，这是什么花？忘了？考考你。”

阿芝不假思索地说：“桃花，粉红色的，真好看。”

“这朵呢？”

“映山红，是不是？”

妈妈点点头：“这一朵呢？”

“这？”阿芝食指点着下嘴唇，睁着眼睛，沉思着……猛然，脱口嚷道：“栀子花，栀子花。”说着，抢了过去。

齐周氏高兴地抱起阿芝，热烈地在阿芝的脸上吻着：“真聪明，好乖乖。”

她拉着阿芝的小手，慢慢地向家走去。

“爷爷教你的字，都记住了？”

“记住了，不信，你问问。”

“不用了，过几天，爷爷回来了，会考你的。”

“爷爷什么时候回来，我真想他。他还教我认好多好多的字吗？”

齐周氏点点头。

两岁以后，阿芝就同爷爷睡在一起。寒冬腊月，这南方的潮湿地区，也很寒冷。齐十爷觉得自己渐渐老了，身体不如以前。

当秋风阵阵，树叶飘零的时候，他就从箱子里取出那件用布包着的羊皮袄。

久经年月，皮袄的好些地方都掉了毛，可这是他唯一珍贵的财产。老人穿上皮袄，大襟敞开，把阿芝裹在胸前。阿芝常常就这样在老人身上睡着了。齐十爷自己说，抱着孙子在怀里暖睡，是他生平第一乐事。

他平时没有什么嗜好，只是抽点烟，那也是自己种的草烟。逢年过节，沽点酒，也选那价格最便宜的。如今有了阿芝，抱孙孙，逗孙孙，便是他最大的快乐。

齐家的日子是艰难的。全家五口人，除了有几间东倒西歪的破屋，能够挡风避雨外，只有一亩叫“麻子丘”的水田，在大门外晒谷场的旁边。这就是他们全部的产业。

“麻子丘”虽然只有一亩，但比别家的一亩略大一点。遇上好年景，风调雨顺，打个五六石谷子是不成问题的。可是，一亩地的收成要糊住五个人的口，维系一家的生计，无论如何是不可能的。

这些年又十有九旱，禾苗正在抽穗灌浆的时候，天上没有一丝云彩，骄阳晒得地里冒烟。水田干了，没有一滴水，禾苗的叶子卷了，枯了。

齐十爷忧心如焚，脸上的皱纹更深了。没法，只好外出打零工。走东村串西村。见到房宇整齐点的人家，探头就问：“有什么活儿干没有？”

好不容易找点活儿干，一般的，吃了主人家的饭，一天也才挣二十个钱。晚上，只能躺在主人家房后的草堆上……

这样的日子，从齐十爷记事起，伴随着他度过了几十个春秋。

老人有什么快乐？要是有，那就是阿芝。阿芝是他生命之源。老人有过什么幸福？如果有，那也是阿芝带给他的，阿芝温暖了老人那饱经磨难的心。

数九寒冬，活儿不多，一家人在灶屋里烤火。齐十爷拿起铁钳，在柴灰上一笔一画，教孙子写字。他没有从笔画最简单的“一、二、三……”教起，一开头，就教“芝”字。他写好后，对孙子说：“你叫‘阿芝’，这就是‘阿芝’的‘芝’字。一横，一竖，再一竖，这叫草字头；接下去，一点，一横，一撇，一捺。”阿芝睁着大眼注视着。公公又重复一遍，再重复一遍。阿芝认认真真地写下了“阿芝”两个字。

老人高兴极了，把阿芝抱到怀里，在他娇嫩的小脸蛋上亲了又亲。

阿芝娇声问：“公公，为什么要识字？”

“不识字要吃苦头呀！”齐十爷望着阿芝询问的目光，缓慢地说：“公公给你讲个故事。从前有一个种田人，老老实实，家里穷，一个字也不认识。有一次，妈妈病了，他找财主借债，将一亩荒地做抵押。谁知财主根本看不上那荒地，倒是看上了那两间破房的基地。订契约的那一天，财主连房基地也写上了。那种田人不认识字，看不懂，糊里糊涂画了押。半年后，他妈妈病故了，又欠了很多的债。过了一年，期限到了，财主要债，种田人还不起，财主就拿出那契约，要占荒地和房基地。种田人说，那时只是一亩荒地，哪有房基地？财主就拿出契约念给他听，还说那个种田人赖账，打了他一顿，把他从家里赶了出来。种田人哭啊，叫呀，管什么用？跑到衙门告状，官老爷把财主找去，一看契约，不分青红皂白，又把农民打了一顿。……”齐十爷语气沉重而缓慢。

阿芝睁大了眼睛，紧紧地注视着公公：

“后来呢？那种田人怎么样了？”

“后来，他走投无路，跳到湘江里，死了。”说着，热泪沿着他那古铜色的多皱的脸，缓缓地淌下。

“人，不认识字不行呀！”齐十爷长长地叹了口气，倚着墙，陷入了深思之中。

这个年轻的种田人，是他扛长活时的穷兄弟。那时，他同情过，悲愤过，但是毕竟孤立无援，怎能抗衡这黑暗社会的沉重压力？

不过，这惨事给了他一个深刻的教训，他知道了识字的重要。他从他穷兄弟的血与生命的代价里，获得了这珍贵的教训。

往事如烟，唯有三十年前的这桩往事，历历在目，难以忘怀。

他家穷，上不起学，他就利用一切机会，偷偷地、一点一滴地学起来。他的姓名，百、千、万，斤、两……生活里的常用字，强识硬记，经过漫长的岁月，居然认识了三百多字，能念、能写、能用。……

如今他能将自己的这点知识传授给孙子了。“芝”字是他教给孙子的第一个字，也是孙子同字打交道的第一步。

每隔两三天，齐十爷就教阿芝一个生字，再复习一遍已经教过的字。他十分认真，不管活儿多忙，人多累，从不间断。

他识字时，没有先生，偷着学。阿芝不能再像自己那样，他应该有老师，应该在父辈的怀抱里，光明正大地学。如果说，这个穷困之家有什么变化，这大概也算是一个。

识字，开启了阿芝童年生活中另一个奇异的、有趣的天地。他感到自己比周围的小伙伴似乎多了一点什么。人家看见树、狗、猫，写不出来，他就写给他们看。他拉着伙伴，指着前面一棵绿荫如盖的参天大树，问：“你知道那是什么？树！树字怎么写？我写给你看看。”于是，他半蹲下身子，用树枝在地上画了起来，孩子们把他团团围在中间。

五 “自古贫寒出俊才”

周雨若，五十开外，清秀、白净微黄的脸庞上长着一双炯炯有神的眼睛。合身的黑长衫把他修长的身材勾勒得更加潇洒飘逸，看上去，不像是五十多岁的人。

他坐在临窗的一张宽大椅子上。书室左边对面的书架上，摆满了各种各类的书。右边的墙上挂着一幅石涛的山水画和一幅朋友送给他的条幅，条幅上用苍劲的草书体写着“淡泊明志，宁静致远”八个大字。

他面前的写字台上，摆着笔、墨、砚和宣纸。一切是那样的井井有条，同女儿出嫁齐家以前完全一个样。女儿今天回来了，她在离开这个家到齐家去以前，在这间屋子里度过了她难以忘怀的时光。她坐在这里，思绪万千，是对童年天真生活的怀念，还是对这么多年风风雨雨艰难岁月的回味，她说不清。她觉得眼睛有点湿润了，强忍着不让眼泪掉下来。

周雨若似乎没有觉察到女儿情感上的微妙变化。她的到来，无疑给他和老伴带来了欢乐。他知道女儿在齐家生活得很清苦，但却很如意。

外孙已经大了，要上学，这件事他同老伴私下谈过。今天女儿专程为这事来了，他想听听她的意见。

爷爷的三百字教完了，阿芝背得滚瓜烂熟。不但能不假思索地写出来，而且能讲上一两条字义，全家人都喜悦得什么似的。

阿芝希望爷爷能继续教他。可是爷爷就那么一点墨水。这样，学生常常考住了“先生”。比如说吧，学了“树”字，他就要问爷爷：“那么，枫树的‘枫’字怎么写？松树的‘松’字呢？还有柳树、橘子树……”

“‘狗’字为什么又写成了‘犬’字，两个字不一样吗？……”

爷爷虽然许多时候被孩子“考”得张口结舌，可他打心坎儿里感到高兴。

他们几次议论过阿芝的上学问题，不过一说到具体的学费问题，便一筹莫展，愁肠百结。

齐周氏深深理解老人的心情，宽慰他说：

“儿媳今年推草，推下来的谷子积了四斗，存在隔岭那边的银匠陈师傅家，原先打算再积多一点，跟他们换只银钗戴的。银钗我不戴不要紧，把四斗谷子取回来，买些纸笔书本，让阿芝上学，明年我阿爹要在枫林亭坐馆，阿芝跟外公读书，束脩当然是免了的。我想阿芝早上去，晚上回，午间带饭去。这点钱虽不多，但够他读一年的书，让他多识几个字，将来记记账，写个条儿，就不费什么劲了。”

就这样，她回到了娘家，同父亲商量这件事。周雨若听了女儿的叙说以后，很高兴，点点头说：“多识一些字也好，对孩子、对家庭都有好处。”

他顿了一下，看着女儿，若有所思地说：“至于功名、仕途，就不要想了。八股取士，杀天下后世，甚于洪水猛兽。所谓时文、经义、表、判、策、论都是空言，有什么用？”他站了起来，来回踱着，“一些儒生用八股敲开了仕途的大门，摇身一变，为黎民办了什么事？明代末年，有人看到科举取士会断送朱明的大好河山，在朝堂上贴了一张大大的柬帖，上面写道：‘谨具大明江山一座，崇祯夫妇两口，奉申贽敬，晚生文八股顿首。’写得何等辛辣、沉痛！总该接受一些教训吧，可是现在又如何呢？”

周雨若脸色变得异常的严峻，言语间蕴含着一股难以压抑的激愤。

这是一个满腹经纶却又报国无门的儒生心中的呐喊，齐周氏不知听过多少遍了。虽然她对父亲的往事知道不多，可他的品格和为人，她最清楚。

周雨若似乎深有感慨，想再说些什么，却又止住了，还是接着上面的话说下去：

“孩子多识些字，对修身、养性、齐家都有益处，但切不可有奢望。自食其力，躬耕南亩，虽然艰苦劳作，毕竟是自己的汗水，得来心里舒适。”他看了女儿一眼，笑了笑。

“爸爸说的，我都记住了，我们也是这么商量的。”

“那就让他去枫林亭吧！”周雨若高兴起来，“笔墨纸砚有难处吗？”

“公公都为他准备下了。这孩子聪敏、好学、好问……”

没有让女儿说完，周雨若挥了一下手，打断了她的话，自己插上了嘴：“我早就听说了。好问有什么不好？只怕是先生给问住了吧。孔夫子说要不耻下问。学问学问，就是学习问难嘛！就怕他不懂装懂，不敢问，不爱问。”周雨若走到书架前，抽出了一本书，交给女儿，“你有空，也应该看看。过去我对你也没有尽到责任啊！”

枫林亭位于白石铺北边山坳上。这里是著名的五岳之一——南岳衡山山脉的一部分。衡山逶迤数百里，主峰七十二，从南到北，像奔腾着的一条蛟龙，横卧在苍茫的云海之中。

这里千山万岭，陵谷相间，错落有致。丛林修竹，叠翠堆青，绝壑深涧，苍郁葱郁，是自古以来的名胜去处。枫林书馆就坐落在这山明水秀的衡山怀抱之中的王爷庙里。

过了元宵节，一大早，阿芝跳下了床，穿上妈妈刚刚赶制出来的蓝色新棉袄，吃了两个妈妈专为他做的荷包蛋，由公公陪送，踏上了去枫林书馆的路。

妈妈从外公那里回来，告诉了他上学的消息后，这几天他一直沉浸在欢乐之中，他到底能上学了，和有钱人家的孩子一样能上学了。

村子里，一群群过去的小伙伴，一见他提着书包，都跑了过来，用羡慕的目光看着他，用亲切的语言招呼他。他们早几天就听说阿芝要上学，都为阿芝高兴，为阿芝骄傲。

阿芝的心情很复杂。他不理解为什么穷孩子不能上学。自己家里也穷，只因有外公坐馆，如果没有外公，不也是和他们一样吗？

齐家由江苏迁到这个地方时，据说是在明代，到如今已生息繁衍了好几代人了。在这个家族中有几个人真正上过学？一个也没有。齐十爷曾经梦寐以求地希望齐家的后代能上学，多识一些字，比老一代强。可是，这都是埋在心灵深处的企望，今天，这企望变成了现实，他确确实实是在送阿芝去上学，他怎能不激动。他的孙子居然同邻里许多望族子弟一起跨进了蒙馆的门，他觉得自己的身子都好像高了几寸。

三里多路，一会儿就到了。齐十爷拉着阿芝的手，沿着一级级石板砌的台阶，走向王爷庙。进了山门，广阔的天井里，二十多个孩子在追逐、打闹。一见有人来，马上停止了，疑惑地望着进来的这两个陌生人。

“周先生在哪里？”齐十爷躬身问一个辫子梳得光亮的男孩。

没等这孩子开口，正面堂上的门内传出了声音：

“在这里，在这里，你老人家来啦。”

齐十爷抬眼一看，只见周雨若快步地出了门，沿着台阶，走到了天井里。

齐十爷高兴之中夹杂着感激之情：“真过意不去，劳你操心了。”他转身拉了几下阿芝的衣角：“还不给外公行礼？”

阿芝大大方方地走到周雨若面前，学着妈妈教给的，深深地向周雨若鞠了一躬，轻轻地叫了声：“外公。”

“哟，以后在蒙馆，就称先生，到家叫外公。”齐十爷纠正着。

周雨若高兴地笑了起来，慈祥地抚摩着阿芝的头：“这孩子聪明。亲家，请到屋里坐吧，外面冷。”说完扶着齐十爷，拾级而上。

王爷庙据说建于宋代。天井的左边，一棵百年古柏，曲折、苍劲的枝干，青翠茂盛的叶子，给人以生命永恒的情思。右边一株清香四溢的腊梅，花朵盛放的势头快要过去，枝头已吐出嫩黄色的小叶。鹅卵石铺成的甬道从山门直到正殿的台阶下。庭院打扫得十分洁净，给人一种圣洁的印象。

庭院的东西两厢，过去是僧人的住所，现在他们都搬到后院去了，这里便成了课堂。

正殿一直关闭着，不知是因为房子年久失修，十分危险，还是其他什么缘故，谁也说不清。这正殿的东边一间屋子，就是周雨若临时的住所。

室内简朴、整洁。靠正墙上的一张八仙桌上，供着孔圣人的牌位，前面有一个香炉。房子的左边摆着一张床。临窗一张硬木的桌子上，整齐地堆放着书籍、笔、砚之类。右边进门处，两把藤椅，中间一张茶几。茶几上方挂着一幅条幅，装裱得十分精美，上面写着“一代师表”几个大字。显然是他的门生送给他的。

阿芝在外公的指点下，点了三支香，端端正正地插在香炉上。接着，在孔圣人的牌位前，拜了三拜。然后，转过身子，对着周雨若也拜了三拜。

周雨若扶起阿芝，转过脸，对着齐十爷说：“拜过圣人，拜过先生，他就是蒙馆的学生了。我会教好他的，你老人家放心好了。”说完，从桌子的右角上，取过他早已准备好了的一本《四言杂字》，递给了阿芝。这是乡村一般人家学记账时必读的书。

齐十爷站了起来，高兴地同周雨若告别。跨出门槛，他轻声地对阿芝说：“傍晚，公公来接你。好好读书，要守规矩，要有礼貌。”

半个月过去了，阿芝很快适应了这里的学习与生活。

《四言杂字》很快学完了，背熟了。接着再读《三字经》、《百家姓》。他反应之快，记忆力之强，出乎周雨若意外。

他对外公的教法十分满意。他不但教识字，教写字，而且解释字义和每句的内容。这是他公公所不能办到的。

中国古代有盘古，有尧帝，这他知道，他听婆婆、公公讲的，但外公讲得更详细、更生动。

对于外公，他最初是畏惧，后来是敬重，到现在是敬爱了。他决心做一个像外公那样的人，读很多很多的书，知道很多很多的事。长大了，也把自己知道的教给弟弟妹妹们，让他们也像自己这样高兴，这样知道的多多的。

几个月过去了，他不但学会了一般需要一年才能学完的课程，还超过了一年以前入馆的学生的水平。对周雨若来说，自己的学生，自己的外孙，有这样的天分，又这样的好学，那种欣悦，是不用说的了。

一天，他把齐十爷找了来，刚招呼他坐下便迫不及待地说：“请亲家来，不为别事。阿芝上蒙馆已经四个月了，学什么，会什么。全馆数第一。”

周雨若同齐十爷面对面坐下，“我教了好多年蒙馆，也走了好几个地方，像这样出类拔萃的学生，不多。想办法，让他继续学下去。‘自古贫寒出俊才’，一点不假。”

齐十爷望着周雨若眉飞色舞的样子，暗自高兴。

“这全仗亲家教得好。这孩子一回家，手不离书，口不离书，读啊，写啊，全不用我们操心。”

回到了家，他把这喜讯告诉了儿子、儿媳和老伴，大家听了都十分兴奋。

周雨若开始教阿芝读《千家诗》了。他爱读，越读越有兴趣。有几首最喜爱的诗，他不仅背了下来，还常常一遍遍地反复吟诵，简直成了一个小诗迷。

六 原始的艺术实践

背书、描红练字是蒙馆学生的主课。公公把存放了不知多少年没用过的砚台、半截墨和一枝新买的毛笔交给了阿芝，阿芝非常高兴。

阿芝对描红，觉得很新鲜，很喜欢，因为他很早就喜欢画画，可从来还没有用笔在纸上画过。打从这时候起，他描完了红，总是要画一张两张画。

他画画，先是画人。他对着前面座位上的同学，看一看，描一描。先画圆圆的头，然后画耳朵、鼻子、眼睛、嘴，慢慢地加上衣服、手、脚。谁也弄不清他画的是谁，但是都看出他画的是人。

后来，阿芝画画的题材渐渐地扩大了。

六月初，太阳刚刚下山，蒙馆就放学。孩子们三三两两地朝山下走去。

原先公公天天送，天天接。过了不久，阿芝对道路熟悉了，就不再要公公接送了。

一天，放了学，阿芝约了几个同学绕道一起去杏子塘抓青蛙。走到村西头一个同学的家门口，他发现门上贴着一张崭新的雷公神像。上学前，他虽然在别处曾经见到过，但没有这张画得好，也没有这样清晰。浅黄色的纸上，用朱砂勾勒出雷公神狰狞的面孔，那两只眼睛很圆很大，大约占去面部的三分之一。咧着的大嘴，露出了几个牙齿，嘴边的胡须向四周翘起，满身披甲，赤着脚，两手提着铜铃，威风得很。

阿芝被这神像深深地吸引住了，他目不转睛地看着，几乎忘了一切。

雷神爷爷，他听到这个名字比见到这神像，要早得多。

他朦胧地记得，五六岁时的一个夏天傍晚，天空突然彤云密布，不一会儿，狂风裹着倾盆大雨，铺天盖地从紫云山那边压了过来。灰暗的天际，一道耀眼的闪电，像要把天劈开两半似的。紧接着便是一阵令人心惊胆战的雷声。这时，婆婆便紧紧地把他搂在怀里，悄悄告诉他，雷公发怒了。

“雷公是什么？”他望着天外的电闪，不解地问。

“雷公是天上的神，手里拿着锤、斧头，专门打人间的坏人。”婆婆说，“你别看他生得不好看，心地可好，他专门整坏人，整为富不仁的人。”

“你见过？”阿芝疑惑地看着婆婆。

“见过。”

“在哪里？能带我看看吗？”阿芝天真地问。

“行。你看见过东头王家门上贴的那画吗？”

“东头？噢，见过，见过。不过看不清楚了。那就是雷公爷爷？”

“是的。谁家生孩子，总要贴上他的像，保平安。”婆婆忽然想起了什么似的，“庙里也有，是雕塑的，像真的一样。”

从这时开始，阿芝就对雷公爷爷产生了一种敬畏的、神秘的感情。王家门上贴的那张雷公画，他曾多次跑去看过。到王爷庙上学后，又经常跑到大殿，看了又看。

他顾不得去杏子塘了，早把抓青蛙的事，忘得一干二净。

他仰着头，仔细地看着，好像要把它刻到自己的脑海里。

“娟生，我们照着画几张，带回家慢慢看好不好？”阿芝问他身边一个小男孩。

“好倒是好，不过什么都没有，天也黑下来了，明天再画不好吗？”

“那也行。”阿芝表示同意。

第二天傍晚一放学，阿芝和几个同学，急急忙忙跑到雷公爷爷的像前。

他席地而坐。由于走路走得急，两鬓的汗珠顺着脸颊、脖子，不住地往下淌。他似乎没有觉察，一心只忙着取出纸笔，把纸铺在地上，对着那门上的雷公神像，一笔一画地画了起来。

几个同学猫着腰，两手支撑着膝盖，专心地看着阿芝画。

过了好大一阵，终于画完了。但是，这哪里是雷神爷爷？黑糊糊一团，简直说不出是个什么名堂。他很不满意，低着头思索了一阵，又抬头看了好久，忽然对娟生说："这样吧，你找个凳子来，我上去画。"

娟生很快搬来了凳子，阿芝站到凳子上，接过娟生递上来的纸，紧紧地敷在雷公神像上面，然后用笔轻轻地勾勒起来。

站在凳子上画画，心情有些紧张．也比较吃力，又出了一身大汗。不过，画得比较成功，像的轮廓勾勒得很精确。阿芝快乐地从凳子上跳下来，同学们都高兴地跳着、叫着。

这一夜，阿芝做着很甜很甜的梦：他在描红纸上画出了一张张的画，上面有雷公爷爷，有关公，有牛，有马，还有各种各样颜色的花……他把这些画，贴满了公公睡觉的那间屋子，仔细地看着，看着，忽然画上的雷公爷爷、关公、牛、马都活了，走下了地，亲切地向他招手、点头。

他又继续画，一直到公公轻轻地推他起床。

阿芝昨晚成功地勾画了一幅很好的雷公神像的消息，一大早就在蒙馆里传开了。他一迈进庭院，同学们一下把他团团地围着，七嘴八舌地问：

"阿芝，带来了吗？"

"让我们看看好吧？"

阿芝环顾了一下周围的同学，不慌不忙地从一本书里，取出了昨天勾画的那幅雷公神像。同学们争相传看，啧啧称赞。

"阿芝，能给我画一张吗？"

"可以。"阿芝爽快地答道。

“给我一张。”

“给我一张。”

阿芝高兴地涨红了脸。

“好，好，每人送你们一张。先给娟生，他昨天帮了我很大的忙。”

在这以后的几天里，阿芝一张又一张地为同学们勾勒雷公像。这样一次又一次不断地勾画，他对雷公像已经很熟悉了，有时就离开了原稿，敞开手画了起来，除眼睛画小了些，其他都一模一样。这实践又使他获得了新的经验。

“我不要雷公像，能不能给我画一张别的呢？阿芝。”一个同学问。

阿芝思索了一下，点点头：“好的！好的！”

他答应得很爽快，自己也正想换换口味。

他想起了杂货铺那个焦老头，瘦长的脸庞，像剑一样浓密的眉毛，两片厚厚的嘴唇，给他留下了难忘的印象。自从他学会走路，公公每次去杂货铺，几乎都带他去。他只要一闭起眼睛，焦老头的神态就清晰地浮现在眼前。

不过，真要拿起笔去画，阿芝又感到把握不大。他决心再去仔细观察观察。

上午，阿芝去了一趟，焦老头不在，他有点失望，又不好问。下午他又去了，只见焦老头坐在那儿，见阿芝远远地来了，探头便问：“阿芝，听说你书念得不错，第一名。”他伸出了大拇指。

“不好咧，你听谁说的？”阿芝有心没心地随便应付，只顾观察焦老头的眼睛和鼻子。

“村里人谁不知道？都夸你呢！”

阿芝红着脸，不好意思地低下头，跑了。他脑子里只装进了焦老头的眼睛和鼻子。拔腿便跑，没跑几步，突然又想起了什么。噢，对了，还没有看清他的耳朵。他站住，转过身，仔细地看着正在同别人讲话的焦老头。焦老头可没有发现阿芝还在那里。

第二天，一描完了红，他就开始画焦老头。可是要把脑子里的东西，变成纸上的东西，这是头一回，他深感这不是一件容易的事。但他并不因难而退。虽然他不可能受到郑燮的“眼中之竹、胸中之竹、手中之竹”的指点，但却是这样地实践了。

他按照自己的记忆与理解，很细心地画。每画一笔，先仔细地想了又想，在纸上比划比划，然后才落笔。

到了将近中午时分，他终于把焦老头画了下来，不但相貌相像，而且还很有神态。这使他十分兴奋。

他想检验一下同学们的眼力，主要还是想请同学们检验一下他的水平。下课后，他悄悄地把一些同学叫到山门外的一棵柏树下，神秘地拿出了刚画好的这幅人物肖像，问大家：“你们看，这画的是谁？”他的目光盯着大家。

同学们仔细看了又看，不约而同地叫了起来。

"焦老头，杂货铺的焦老头。"

阿芝抑制不住内心的喜悦："对，就是他，焦老头。像不像？"

"像，像，像极了！"

"像不像"是孩子们对一张画的好坏的最高评判标准。因为在他们那样的年龄，还有什么比说"画得像极了"更高的赞誉呢？

阿芝获得了成功。这成功更唤起了他画画的激情与兴趣。而且，同学们越来越多地索画，使他应接不暇，这也成了他画画的推动力，促使他不断地去画。除了习字背书，他的全部业余时间，都被画画占去了。

画画，写字；写字，画画。他的生活多么充实、美好。

生活虽然艰苦，春荒时，家里常常揭不开锅，公公、婆婆不得不东家借一点，西家借一点，艰难度日。但是，阿芝的心里却是一片春光，充满了欢乐。因为他在自己的小天地里，创造着欢乐的生活。

他不但画人物，还画花卉、树木、飞禽、走兽、虫鱼等等。凡是所见到的一切，他都仔细地去观察，他都去画。

水牛、马、鸡、鸭、鱼、虾、蚱蜢、螃蟹，他天天见到，十分熟悉，所以也画得最多、最好。蓝天上飞翔的春燕，绿荫下小憩的耕牛，杏子塘里拨着清波的鸭子，以及跳动于荷叶上的青蛙，如今都在他的笔下展现了出来。在诗意般的激情与朦胧之中，他看到了自己的创造力。他陶醉了，兴奋了，于是，他日复一日，一张一张地画下去。

现在，阿芝怯生生地站在周雨若的面前。他看见外公变成了另一个人，往日挂在脸上的笑意，消失得无影无踪。他预感到有什么大事临头，惶恐不安地站着。

“你把你的画都拿出来。”外公终于开口了，声音不高，但威严、有力。

阿芝打开纸包，不太情愿地把这几天的新作，放在桌子上。周雨若仔细地翻了一下。

“只是画着玩儿，不学正经事。你看看，你耗费了多少描红纸？”

周雨若是意外地发现这个“秘密”的。一个学生交描红本时，里面夹着一张画着青蛙的描红纸片，青蛙仰着头，形象逼真，两只大眼很有神，只是腿画得不太好。周雨若看了几次，感到此画已有一点根基，绝非小孩随意涂抹的。但是，到底是谁画的？他教蒙馆不是一年两年了，还没有发现过这类事。

他把那学生叫了来，盘问了好半天，那学生只是支支吾吾，不肯明说。

“做人要老实，谁画的就讲谁画的，有什么可怕的？”周雨若有些火了。

“是阿芝送给我的。”那学生偷偷看了先生一眼，声音很小，但听得十分清楚。“班上同学都有，一人一张，有的两张。他画得好，大家都想要。我们还给他描红纸，他怎么也不要。”

学生的回答大大出乎周雨若的意料。他忽然想起了阿芝的描红本用得很快，不几天就一本。原先以为他在练字，没料到他竟是拿描红纸画画去了。

于是，他把阿芝找了来。

“这是要荒废学业的，你要改。”周雨若坐在椅子上，又生气又怜爱地看着阿芝。

虽然，周雨若自己也画得一手好画，但那是青年以后的事。像阿芝这么大的年纪时，他潜心于诗书，根本没有涉及画画，何况一个穷困家庭的孩子，连糊口都困难，哪有条件去画画。他公公当初送他上学，无非是想让他识几个字，不至于当睁眼瞎，免受人家的愚弄。

傍晚回到家里，简单地吃了几口饭，阿芝上床睡了。其实他哪里睡得着呢！白天外公那严峻的面孔又浮现在眼前。外公在同他谈话时，他很有抵触，心想，写完了字，画几张画有什么不可呢？对外公的话他听不下去，外公还说了什么，他懒得去听了，只是像上次观察焦老头一样，细心地观察起了外公的容貌、言谈、举止、衣着……琢磨着要把外公画出来。他想着，看着，入了神。外公叫他出去时，他都没有听见，还呆呆地站着。

躺在床上，当天经历的这一幕幕又重现在眼前，他觉得自己的想法有趣，决心把外公画出来。

他依然继续画，只是不敢公开在课堂上画了。外公这几天好像特别注意他，课堂上，总要到他的身边站一会儿。

周雨若从上次谈话之后，十分注意检查阿芝的作业。他发现阿芝的描红本又撕去了不少。知道阿芝依然在画，十分生气。

“最近画了没有？”他又把阿芝找来。

阿芝垂着头，轻声地回答：“画了。不过大多是拿家里包东西的废纸画，没了，才拿描红纸。”

这是实话。上次周雨若谈了那么多的话，阿芝只记住了一句：“描红纸来之不易，要珍惜。”所以，他就想了个办法，把家里包东西的纸，统统地收集了起来，一张张地理好，收藏起来。

“书都背熟了？背一段我听听。”周雨若说着，念了一句韩愈的《师说》。阿芝接上去，十分顺畅地一口气背了下来。

周雨若很满意，他暗暗称赞这孩子天资聪慧。但是，对于他不听他的话还是很恼火。在蒙馆里，师道的尊严，常常是靠戒尺维护的。可是，即使周雨若在震怒之中，戒尺始终没有落到阿芝的手心上。他疼爱外孙的聪敏好学，何况他并没有因为画画而荒废了学业。不过，今天他还是把阿芝带到了课堂上，明确地向学生们宣布：

“以后你们不要找齐纯芝要画，这不好，要荒废学业的。今后谁要是不听，我知道后，要严办。”他挥舞了一下手中的戒尺。

阿芝低下了头，他理解外公的心情。

下课后，同学们见先生回到了房里，马上把阿芝围了起来，劝他："都是我们不好，你不要难过。以后不要画就是了。"

"不画？为什么不画！"另一个男孩说，"我爸爸说，读书人，书、诗、琴、画，都要精通，不然，算不得真正的读书人。"

阿芝笑了笑，看了他一眼，没有说什么。

七 饥寒中坚持

齐白石8岁时，弟弟齐纯松、齐纯藻相继出生。同治九年秋，也就是1870年的秋季，湘乡大旱，农田颗粒无收。农民饮水都成了问题。家里添丁加口，又遭遇饥荒，齐家的日子雪上加霜。齐白石没有听从外公周雨若的劝告，还是每天热衷于画画。他弄不清楚自己为什么这样喜欢画，像着了迷一样，没有任何其他的东西能分散他对于绘画的热烈追求。一天不拿笔画上个什么鸟呀、花呀、鸡呀、牛呀，心里就很不踏实。

春天里，白鹭来到这碧绿的山村，在耀眼的阳光下这些美丽的鸟漫步在田野水边，那长长的颈项，那雪白的羽毛，那高雅自得的神态，使阿芝心醉。他坐在小山坡上，静静地看着这一群"小天使"，在湛蓝的天幕下，在葱郁、翠绿的树丛中，轻盈地、舒展自如地起落着，仿佛来到了一个圣洁的、幽静的世界里，大自然多美好，能用自己的笔，把这明媚的春光、春天里一切活动着的生命留下来吗？于是，他拿出了笔，画了起来。他认真地看着，画着。虽然是第一次画这"小天使"，但是，主要特征他还是抓住了。画上的鸟那细长的脚和颈项，使人一眼就能看出，这是白鹭。

同窗好友是他第一批最忠诚的读者和观众。当他们第一次看到阿芝的白鹭图时，个个都高兴得跳了起来。他们一边拍手，一边喊出了“真像，真像！”

“你看，那收起的左腿，那将要展开的翅膀，快要飞了。”大家指划着、议论着，早把周雨若的训话抛到九霄云外了。

这是王爷庙右后方松树林的一角。僻静、幽邃，一般人是不会到这个地方来的。自从先生公开在课堂训斥了阿芝以后，阿芝和同学们就偷偷地到这地方来。

这是清朝同治年间，在这样一个作茧自缚的年代里，又在这样一个位于神州腹地的偏僻山村，阿芝的画，给这群纯真的、智慧之花初开的孩子们带来福音，为蒙馆里平淡、刻板、枯燥、乏味的苦读生涯，增添了几分乐趣和活力。

白鹭画得成功，同学们赞颂的目光，给了阿芝以无穷的力量。他坚持不懈地画下去。学业上，他几乎不用操多少心，这一点，外公一直是十分满意的。他有相当的时间，可以用来画画儿。时间是属于他的。只是描红纸，不敢再用了。外公说得对，那是公公、爸爸的血汗钱换来的啊！这一点，他是不会忘记的。

寒露过后，天渐渐有些凉意。公公咳嗽得很厉害，常常整夜整夜地睡不着觉。齐周氏卖掉了几十个鸡蛋，请医生给公公听了脉，开了处方。公公准备去配药，阿芝一听公公要到镇上去，附着他的耳朵，小声说了些什么，公公高兴地点着头。

傍晚公公回来，描红本和笔给阿芝买来了，药却没有抓，钱不够啊！婆婆、爸爸、妈妈很生气。这一夜，公公又是不断地咳嗽。阿芝知道公公为了他的学习，药都不吃了，眼泪直淌。他用被子捂着头，哭得很伤心。

一夜之间，阿芝似乎长大了许多。他不再用描红纸了，尽量地利用废纸，仍然自由自在地画。人物、花卉、禽鸟、草虫之后，他开始画山，画房屋，画日月星辰……

他现在才发觉，房子也不尽一样，自己家的茅屋，街市上焦老头的店铺，结构别致的王爷庙，个个不同。过去他没有认真留意它们之间的区别，而今要动手画了，他必须仔细观察。

秋风带着寒意，阵阵掠过。漫山遍野的枫叶，红了，枯了，落了，撒满了山坳、田野。

稻子早已收割。田里整齐地排列着稻茬子。路边、田埂上的几枝枯草，在寒风中摇曳。

周雨若看完了学生的功课，信步跨出山门，背着手，凝视着远处起伏苍茫的群山。

人间路到三峰尽

天下秋随一叶来

他想起了钱昭度的这首《华山》诗，低声地吟诵着，一股寂寞惆怅的悲秋情绪涌上了心头。国是日非，不堪回首。多少有志之士，报国无门，浪迹江湖！昨天他接到朋友许明山的信，说愤于官场昏暗，挂印而去，隐居浙东的四明山区。其实，这样的血性男儿，又何止许明山一人呢？为什么天地间容纳不下一个正直的人？

他心潮起伏，望着前面被夕阳烧红了的山峦云霭，周雨若沉思起来。

忽然，前方小山丘的枫树林里走出了一条水牛，宽大的脊背上，驮着一个少年，悠然自得地朝山门走来。他的视野，随着这少年，慢慢地在移动。到了二百步左右的地方，他发现这少年正是外孙阿芝。

阿芝见外公独自站在山门口，慌忙跳下牛背，取下挂在牛角上的书本，把牛拴到树干上，快步向周雨若走来，深深地一鞠躬。

周雨若已经两个月没有见到阿芝了，十分思念。如今他突然出现在面前，使他百感交集。

外孙的中途辍学，早在他的预料之中，因为齐家实在太穷困。但是，只上了短短半年的学，就不上了，他为外孙感到十分惋惜。

“年景不好，阿芝他爸租的几亩田，连种子都收不回来。阿芝弟弟刚出生几个月，家里好几次都揭不开锅。”齐周氏为了阿芝的辍学，又回到了娘家，坐在半年前同父亲商量阿芝上学的那间书房里，偷偷地流着泪，“这孩子实在可惜，家里商量了好几次，没办法，只好这样了。”

周雨若愁容满脸，静默地听着。

“你们的困难，我也知道。我是鞭长莫及啊！教蒙馆几个钱，够什么？还不够你妈妈吃几剂药。”周雨若长叹了一声说，“这孩子聪明过人，天分高，可惜出生在这样的社会！”

齐周氏默默地啜泣着。周雨若不忍看下去，把脸转过去，屋内陷入沉寂、苦闷之中。

“罢，罢，罢，还是糊口要紧，读那么多的书有什么用？我就是例子。”周雨若凄然一笑，“将来有可能，让孩子学点手艺，养活自己，是第一要紧的啊！”

阿芝做梦也没有想到会这么早让他辍学。晚饭后，妈妈把他叫到屋里，把这不得已的决定告诉他时，他哇哇大哭了一场。公公含着泪，左劝右劝，他才上床，又躲在被窝里偷偷地饮泣着。

热闹的、有节奏的蒙馆生活；外公读《千家诗》到兴奋得意之处的神态；画雷公神像的难忘情景；庙后松树丛中的快乐小天地……这一切一切，一一浮现在眼前，好像昨天发生的一样。然而这一切都要结束了，他是多么留恋和痛苦。

下弦月的清辉，透过窗上的小孔，斑斓地倾泻在屋里、床上。他看着，想着。知道这一切已经不可挽回了。

他体谅爸爸、妈妈的处境。家里又增加了一个弟弟。地里收成不好，体衰年老的公公和爸爸不得不到外面去打短工。妈妈、婆婆里里外外，操持这个家，累得喘不过气，直不起腰。他感到自己长大了，应该干些活，分担家里的负担与忧愁。想到这里，他倒平静下来。

他转过身子，原来公公也没有睡，仰靠着，不断地抽着烟，烟袋锅上的火星，随着他的一吸一吐明灭着。

第二天，他起得格外早，虽然眼睛有些水肿，但是他还像平时一样，这是他决心这样做的，尽管他自己内心痛苦极了，但不能为难公公、婆婆和爸爸、妈妈。

他悄声地附着妈妈的耳朵："妈妈，我都知道了，你不要难过，我不上学了，帮家里干活。"

齐周氏忍不住呜咽起来。阿芝本来是强忍着痛苦，见妈妈这样伤心，自己的泪水也淌个不停。

他吃不下饭，跟着公公，踏上去王爷庙的路，去向先生——他敬重的外公告别。

从齐家到王爷庙只有三里路，可是今天好像特别远。春天上学时，路边青翠的柳枝，到处盛开着的艳丽的野花，如今都枯黄凋落了，西风一吹，纷纷扬扬的。庙内庭院中的芍药，只剩下摇曳着的躯干，叶片被剥落得干干净净。

山门里，同学们突然看见阿芝来了，都远远地迎上前来，依恋地、深情地注视着他。阿芝点点头，也不说一句话。

"亲家，也只好这样了。"周雨若扶着齐十爷进了屋子，落了座。

"阿芝很聪明。当初也只是让他识几个字，记记账，目的已经达到了。写个信，记个账，他还是绰绰有余的。"

他微笑地注视一下阿芝，想尽量把气氛搞得轻松一点。他担心这件事给阿芝的思想压力太大，宽慰地说："这世道，书读多了，有什么用？仕途不是我辈的去所，至多是我的这个出路。"他摇摇头，苦笑着。

"阿芝很懂事，妈妈同他一说，他就同意了。"齐十爷说。

"这很好。人穷志不穷。人生在世要有骨气，有志向。不在学堂，靠着自学而成就一番事业的，历史上有的是。"周雨若侃侃而谈。"有时间，你看看苏轼的《留侯论》，那里面讲的不无道理。"

说着，周雨若站了起来，走到书架前，拿出一本焦黄了的线装书，递给阿芝。

"这是一部《论语》。古人说，半部《论语》治天下，这不无夸张之处，但书中许多精辟的见解是十分宝贵的。下学期本来就要学这部书了，你有信心、有兴趣，拿去慢慢地读。有了前一段的基础，读这就容易多了。"顿了一下，他又接着说："有不理解的地方，随时可以来找我。"

阿芝一生中唯一的、极为短暂而难以忘怀的读书生活，就这样结束了。他是一个自尊心、自信心很强的孩子。在短短的时间里，他便从痛苦与迷惘之中摆脱出来，恢复了心理上的平衡。

阿芝开始承担力所能及的劳动。挑水、砍柴、放牛、照看弟弟，他样样能干。而且，婆婆、妈妈很快发现，这孩子干起事来，专心致志，干一件，就干好它，干完它。

他认为外公讲的道理是对的。读书不只是在蒙馆里，在什么地方都可以学习，也应该学习。自己画画，谁教他呢？不都是自己挤时间学的吗？

秋天里，地里的农活不多，他就每天到村边、山头去放牛。牛角上挂着他心爱的书本。牛慢慢地踱着，吃着草，他就取下书本，躲在向阳处的稻草垛里，对着秋天的阳光，拿出外公给他的《论语》，细细地读起来。

他靠着过去几个月读《千家诗》、《百家姓》的基础，加上他自己丰富的想象力，居然能理解文中内容的十之七八。不过，遇到典故之类，那就难了。他就记上记号，积累起来，到一定时候，再去请教外公。

周雨若见是阿芝，愁云为之一扫，高兴地把他领进了居室。

周雨若沏了一壶热气腾腾的茶，递到阿芝面前，关切地说：“先喝着，暖暖身子。”

“不冷，一点也不冷。”阿芝感激地说。

“《论语》看了吗？有什么困难？”

“快看完了。就是有些地方不明白。”阿芝取出一本手抄本，小心翼翼地翻着，走到周雨若面前，恭恭敬敬地指着书上一段说：“《子罕篇》上说‘毋意，毋必，毋固，毋我’，这四句是什么意思？”

“这是孔夫子倡导的治学态度。‘毋意’，就是不任私意；‘毋必’是不武断；‘毋固’，不固执；‘毋我’，不自以为是。”周雨若认真地解说着，“在学习上，他认为三人行，必有我师，所以提倡‘学而不厌’、‘不耻下问’。学问，都是从问中学得的。屠户、贩夫、村姑，都有知识，都是我们学习的对象。因此，要学得一点知识，就要不耻下问。”

阿芝静静地听着，不时点点头。忽然，他好像又想起了什么：

“《颜渊篇》上有一句，‘百姓足，君孰与不足，百姓不足，君孰与足。’可是现在的情况不是这样。我看百姓穷得吃不上饭，住不上房，当官的，却吃得好，住得好，这不是有悖于圣教吗？”

周雨若一惊，暗暗称奇。他想不到短短几个月，阿芝竟学习得这样好，钻研得这样深，提出了这样一个严肃的、尖锐的问题。

他没有马上作答，呷了一口茶，缓缓地叹了一声：“有悖于圣教的事多了，不然国家何至于走到这地步。”

“官吏不都是孔门的弟子吗？圣人说的为什么弟子不照着去做？”阿芝又问了一句。

“孔门的叛逆多得很，宋季以下，讲儒学，从朱熹开始。不过，这些人表面上俨然正人君子，背地里男盗女娼，横行乡里，欺压百姓，残害朋友，中饱私囊，哪一件不是孔门的嫡传干的！可是，又都打着圣贤的牌子去治人。”

周雨若说到激愤处，站了起来，来回踱着说：

“书不可不读，读了要深明大义，要正直。读了书，去残害百姓，不如不读书。”

阿芝见到外公的情绪很不好，赶快拿出借的那本《论语》说：“外公，这一本还你，我自己抄了一本。”

“你抄了一本？给我看看。”惊奇地看着那本手抄的、装订得端端正正的《论语》，周雨若高兴地说：“字写得不错啊！还在练字吗？”

“天天练。反正有空时，就写几页。上山放牛，就在地上写。”

周雨若赞许地点点头，“好，学习就要持之以恒，积以时日，大有进益。你还画画吗？”他忽然想了起来。

阿芝不好意思地低下了头，小声地说：“还画，天天画，改不了的习惯了。”

“练练也好，或许将来有出息。”外公若有所思地说：“听说过王冕么？宋代人，也是个穷孩子，放牛的，同你一样，天天画，终于成为一代画师。”

“听说过。”阿芝兴奋地抬起了头，眼睛里放射出异彩，他简直不敢相信外公会这样肯定他的画画。

掌灯时分，阿芝回到了家。今天他十分高兴。外公不但回答了他许多学习上的疑难问题，而且教给了他许多做人的道理。

晚饭后，他同平常一样，取出本子，就着豆大的灯光，开始看书、写字了，自从辍学以后，他一天也没有中断过。

爷爷很疼爱他，匀了几个铜板，又给他购买了大字本子、笔和墨。

阿芝经过了这段学习上的变故，更懂事了。他知道本子来之不易。写大字时，他精心地一笔一画地写，从不马虎。

为了节省大字本，他想了一个办法；上山采集了一些红土，制成红墨汁，先在纸上写一遍红色的大字。第二遍才用黑墨汁写；然后，又将本子翻过来，在反面上又写一遍。这样，一个本子，可以当三个本子用。

他虽然还是个孩子，但已知道了生活是多么艰难，勤俭是多么宝贵。

八　妻子陈春君

四年后，也就是同治十二年，正月二十一，公元1874年3月9日，由齐十爷、齐十娘和公婆做主，12岁的齐白石娶了同乡陈九龄的女儿陈春君为妻。当然，当时就是童养媳过门。这是古时湘潭乡的习俗。不过，最初，齐白石不知道实情，只见算命先生来了家里。

"阿芝他妈，东头来了算命先生，说是河南那边来的，给阿芝算一个吧！"婆婆喜冲冲地跨进门，向着正在叠衣服的齐周氏喊道。

"算算也好。"齐周氏赶快放好衣服，简单梳理一下发髻说："妈妈，一起去吧！"

婆婆点点头，打开箱子，不知在翻什么。

"妈，你取钱吧？不要找了。前天鸡蛋换的钱，够用。"说着同婆婆出了门，转身随手掩上了门。

村东头陈家的一间小屋里，挤满了人。大多是本村或是邻村的妇女，有满脸皱纹的老太太，有拉着、抱着孩子的中年妇女，将算命先生团团围着，静静地听着桌旁一位双目失明的男子给一个妇女说命。

这位算命先生，眉宇清秀，白净的脸，眼角上隐隐地有许多深浅不等的鱼尾纹，看上去，约莫五十来岁。灰白的长衫洗得干干净净。

他的身边坐着一个少女，圆圆的脸，一双明亮而又怯生生的大眼，不停地闪动着。她静静地坐在算命先生的身旁。手里捏着一根被手掌常年磨得发亮得竹竿。

算命先生给一个一个人算，算得很快，主妇们带着期待的、迷惑的心情而来，又怀着或是满意的、幸福的，或是惆怅的愁云重重的心境而去。

齐周氏和婆婆随着人们的渐渐离去，由外层移到了里面，慢慢地轮到了她俩。

“阿芝他妈，你把阿芝的生辰八字说说吧！”婆婆小声地提醒儿媳。

齐周氏点点头，走到算命先生的旁边说：

“这孩子叫齐纯芝，癸亥年十一月二十二日亥时生。”她看了婆婆一眼，“家里有公公、婆婆、父亲、母亲、下有一个弟弟。请先生算算。”

算命先生一动不动地端坐着。在齐周氏介绍阿芝情况时，他伸出右手掌，用拇指数着食指、中指、无名指。然后又伸手在桌子上摸什么。

那少女一见，赶紧把一杯茶递到他的手里，他呷了几口，放下杯子，慢慢地说：“这孩子灾星多了点，生下来就病痛多……”

“对，对，一生下来，就生病，体质不好。”婆婆赶紧接上话。她显然为算命先生算得如此准确所慑服了。

算命先生疑虑的面容渐渐舒展开来，一字一板地说：

“要防防水。不要让他乱跑，塘边河边不宜去。人生死，命里带来的。到寺庵作些功德，消消灾。良善人家，总是会好的。”顿了一下，又说：“买个佩铃，给他系上，能御克星。年龄慢慢大了，过了这几关，会好起来的。”

“谢谢先生，算得真好，真准。”婆婆高兴地、钦佩地点着头，用目光示意齐周氏。齐周氏慌忙从衣袋里掏出十多个铜板，放在算命先生的手上。算命先生随即把钱交给了少女。

按照算命先生的话，婆婆很快给阿芝买了一个铜铃，比鸡蛋还大一点，扁扁的，两面刻着狮子头，口内含着一个滚动的珠子，一摇晃，发出叮叮当当清脆悦耳的声音。

阿芝很高兴，拿过来端详着。他没有见过狮子，只是听说过，今天见到了，虽然不是真的，以他对绘画的特有兴趣，看得十分仔细。他想把这狮子头画下来，送给同学们，他们一定会很高兴。至于婆婆为什么给他挂上这个，说是消消灾，他倒是不太在意。

他侧过头，故意问婆婆：“这像什么，婆婆，是老虎吗？”

“什么虎的、猴的，小孩不乱说。这是神狮，带在身上，逢凶化吉。”婆婆慈爱地说。

“这是谁说的？”

“算命先生。不用问了。”婆婆用一根红头绳，把铜铃系在阿芝的脖子上说。

“以后你出去放牛，或上山砍柴，到傍晚，我就在门口等你，听到铃声由远到近，我就知道你来了，就准备好饭你吃。”

不几天，齐周氏又给他系上了一块小铜牌。牌上虽然没有镌龙刻凤，却有六个浮雕的字：“南无阿弥陀佛”。

“这是避邪的。”妈妈说：“有了这块牌子。山上的豺狼虎豹、妖魔鬼怪，都不敢接近你了。”

铃、牌都挂在阿芝的胸前。老人一颗悬着的心，这才有了落处。阿芝身体不好，老人担心他短命夭殇，活不了多长，现在总可以拴着他的命了，心里有说不出的高兴。其实，那铃铛、铜牌又何尝不就是老人一颗善良的、慈爱的心！

阿芝倒没有想得这么多，不过他感到这是一件有趣的事，朦胧中好像精神上有点依托，胆子也壮了点。走一步，铃儿就叮当一响，觉得挺有趣的。

从此，每到傍晚，当西边的夕阳烧着红霞满天的时候，婆婆就倚门探望，果然铃声由远到近，阿芝回来了。阿芝或跳下牛背，或放下柴火，快步向婆婆奔去。

可是，今天阿芝上山砍柴，天色已经暗下来了，婆婆焦急地张望着，一直没有听到铃声，不知是砍的柴火太多了，挑不动，还是有别的意外。

她正在胡乱地猜想着，远远地传来了铃声。待阿芝走近，扁担上没有柴火，仅仅挂着他那本时刻不离手的书。阿芝缓缓地走到婆婆跟前说：“今天忘了，没砍柴火。”他内疚地低垂着头，像是犯了天大的错误一般。

“忘了，你干什么了？”婆婆先是不解，继之是有点生气了。

“我在看书，看着看着，就记不得时间了。”

上次去枫林亭，向外公请教了《论语》里许多不识的字和词，经过半年多时间了，他竟然将这厚厚的几卷《论语》背得很熟，并且慢慢地揣摩其中的意思，觉得愈读愈有意思，愈有意思，便愈爱读。今天一上山，他觉得上午精神好些，想先看看书再砍柴。于是，就靠在山坡上的一棵百年老松树下，乘着明丽的春光，习习的凉风，拿出《论语》，摇头摆尾地读了起来。谁知读着读着，忘了吃午饭，忘了砍柴。抬头一看，太阳已经落山了，这才想起今天一点柴也没砍。他怕天太黑了，婆婆担心，于是就空着手跑回了家。

他知道婆婆的心情，后悔自己不该看得入了迷，误了时间，伤了婆婆的心。他年龄渐渐大了，有了弟弟后，他感到自己是个大人，应该为家里分担忧愁，所以干家里的活，干地里的活，都是很勤快的。

晚饭后，阿芝回到爷爷的屋里，点上了灯，取出笔、砚，又开始默写《论语》。

婆婆到房里开箱取衣服，见到阿芝又埋头写字，一肚子的话实在憋不住了：

“阿芝，你去砍柴，回到家里，也不歇一歇，天天嘴里‘子曰’、‘子曰’地念个没完，手里一横一竖地写。俗话说得好，三日风，四日雨，哪见文章锅里煮？要是明天没米下锅，你说怎么办？唉，可惜你生错了人家。”

说着，她扯起了衣角，不断地擦着泪。

阿芝慌忙地放下笔，走到婆婆面前。

“婆婆，都是我不好，我不该忘了砍柴火。”

“你命苦。才读了半年书，就停了。你公公、爸爸看你聪明好学，小小年纪又上不了学，心里怪不好受的，几天里不说话。你要懂得我们的心。”她叹了一口气，“不是不让你看书，家里实在穷，你爸爸、公公地里活忙不过来，又要出去打短工，只有靠你干些事。其实，婆婆怎会不让你读书呢？……”她说不下去了，多皱的、饱经沧桑的脸上，热泪纵横。

阿芝也在默默地流着泪。他不知怎样安慰婆婆才好。

转眼又是一个春节。

元宵佳节燃起的欢乐气氛还未消尽，阿芝家里又来了一些客人。笑声朗朗，传到屋外，传到了阿芝的耳朵里。

阿芝放下肩上的柴火。婆婆那次的教导，自己的失误，他是永远不能忘怀的。每天上山砍柴，牵着牛，他仍把书挂在牛角上，但总是先去砍柴，捆好，然后再看书。他暗暗地下决心，不能再使婆婆几乎被沉重的生活压碎的心，再受到伤害。

今天他跑到还不曾去过的北山后边，那里干枯的松枝很多，没费多大的气力，就弄了大大的两捆。下午二时左右，他就静静地在看书了。

他已经12岁了，知道的事也渐渐多了起来。对《论语》中谈到的许多问题，理解得也比过去深刻得多了。

屋里客人好像很多，隐隐约约听到在谈论着他。有婆婆、妈妈的声音，还有一个上了年纪、陌生女人的声音，也似乎还有别的人，但没有吱声。他没有马上进去，贴着板壁听着。

“这孩子，百里挑一，要不是家里光景不太好，读书总是头名。在家里勤快，什么活都抢着干。”这是婆婆的声音。“12岁了，给他娶个亲。儿大当婚，女大当嫁，了却一桩心事。”

“是呀，你们家和善，方圆百十里，谁不知道？要不，我才不管这事哩！”这是那位陌生女人的声音。“人家陈家，虽然家境贫寒点，但勤俭，有骨气，就这么个姑娘，你们看，又标致，又贤惠，不错吧？”说着哈哈地笑了起来。

“那好呀，我们这个家，要的就是这种人。”婆婆说，“你看，阿芝他妈，刚过门，我们就喜欢她。娘家是读书人，也不宽裕。我们不管那些，人好，百好。”说着又笑了一阵。

阿芝听着听着，觉得脸上一阵阵发烧。随着年纪一天天的增大，加之湘潭乡中早婚的习俗，孩子们成熟得似乎早一些。但是，对于婚姻、家庭、夫妻，他毕竟是朦胧的。公公、婆婆、妈妈向他提了好几回了，他都默默无语。他能说什么呢？怪不好意思的。况且他现在唯一的奢望就是能有更多一点的时间，看更多一点的书。娶亲到底是为了什么，他说不好。

“人大了，总要成家立业的，媳妇过了门，家里多了一个人干活，减轻一些你的负担，可以多一点时间看书。”妈妈说。

这后一句话，倒是打动了他的心。如果娶了亲，家里多一个劳力，他有更多一点看书时间，何乐而不为。何况婆婆衰老了，妈妈的身体也一天不如一天，多一个人，可以照应家里，当然是好的。至于娶亲还意味着什么，他不清楚。

他不想进屋去，从扁担上取下书本，独自走到杏子塘旁，坐在塘边的一棵老柳树下。

清澈的池水，平静得像一面镜子，映出他清秀、白净的脸庞，蓬松、乌黑的头发，还有那池塘旁那棵高大的枫树。儿时，这棵树不大，一人多高，他和他的伙伴们，常常攀着枫树树干打秋千，如今，它的粗大的躯干直指苍穹，他突然感到自己确实长大了。

长大干什么？他对于自己的前程，开始了思索，难道就是成家立业吗？他的同伴中，像他这样的年纪就成家娶亲的，已经有好几个了，如今轮到了他。

他想得很乱，理不出个头绪，以致连爸爸叫他，也没听见。

他觉得有人拍了一下他的肩膀，他惊讶地转过头去，只见爸爸微笑着问："跑到这地方干什么？到处找你。"

"家里人多。"

"等你回去哩，人家都来了，要见你一面。"齐以德伸手把阿芝拉了起来。阿芝不情愿地跟着爸爸走着。

"姑娘叫陈春君，长得不错。"齐以德边走边介绍，似乎没有觉察儿子涨红了的脸和害羞的神色，"年纪嘛，比你大一岁。"他看了阿芝一眼，阿芝低着头，默默地走着。

"大就大一点，也不多，只一岁。大点的，懂事。穷人家就是过日子。人家那边对你很满意，就看我们了。"

阿芝还是默默无语。

"我同你妈妈、公公、婆婆都满意。你回去见一面，就定了。"齐以德说得很轻快，又武断，因为这是天经地义的，"父母之命，媒妁之言"，自古而然。他当初不就是一切由父母决定的，不是也同样的幸福吗。

同治十三年(1874年）正月二十一，也就是距上次见面后的第十天，一顶花轿把陈春君抬到了齐家。在喧闹的鞭炮声中，他们拜了天地，拜了父母。

按照这里的风俗，男女双方都年纪小，拜了天地，有了夫妻的名份，但不同房。等到都长大成人了，再择个黄道吉日，合卺同房，叫圆房，就是正式夫妻了。所以，陈春君还只是个童养媳。

夜色沉沉，喧闹了一天的齐家归于寂静。阿芝仍然同公公住在一起。公公也许因为兴奋，或者是多喝了几杯酒，沉沉地睡着了，睡得很甜、很安稳。这是他很少有的状态。因为在他的有生之年，了却了一件心愿。他的幸福的感受，他的喜悦的心情，恐怕也是从来没有过的。

阿芝没有睡，也睡不着，心里乱得很，说不出是什么滋味。因为他到如今，还没有看清媳妇长得什么样子。春君进门下轿时，他不敢抬头看，只偷偷瞟了一眼她的身材。他不知她是否看清了自己。她愿意嫁给我这样一个素昧平生的陌生人吗？她愿意做我们这样穷困的齐家的媳妇吗？他愿意同我永生永世生活在一起吗？这些问题不断地在他脑海里盘旋着。

他被一阵犬吠声唤醒。天已经大亮了，公公已早早起床，不知上哪去了。

早春的天气还是有点冷。他套上小棉背心，披上外衣，下地穿鞋子。

门轻轻地开了，进来一个女子。羞红的脸上有两只水汪汪的，黑白分明的眼睛，在细细的、弯弯的眉毛下闪动着，像一钩新月。水红色的大襟上衣，浅蓝色的裤子，十分得体地将她装点得俏丽、秀美。他第一次感触到女孩子浓烈的青春气息的魅力。他的心好像一下收缩了起来，嘣嘣直跳。他想起了爸爸的话：“姑娘长得好，也很贤惠善良”。如今，证实了爸爸的话是完全正确的。

屋里只有他们两人，但谁也不说话。可能是她毕竟比他大一岁，成熟了一点，胆子大一点，含情脉脉地看了他一眼，埋着头，去叠被子，叠好，转过身，走出房去。刚起步，又回过头，深情地瞟了阿芝一眼，便匆匆地走了，像生怕被人发现似的。可是，心里却充满着幸福。

她出去不久，又端来了一盆热腾腾的洗脸水，仍不说话。绯红着脸，看了他一眼，又匆匆而去。

他们之间的爱情生活，就这样开始了，和千百年来的父老、兄弟一样。这样的结合，是幸福多于泪水，还是泪水多于幸福，谁深思过？

阿芝和春君也只能这样，揭开了他们各自生命史的新的一页。

九　刻骨铭心

阳春三月，垂柳吐絮，布谷催春。群山环抱之中，一块块在明亮的阳光下闪着耀眼金光的水田里，农民们吆喝着，挥鞭赶着水牛，在犁田、整地。

阿芝一身的泥水，赤着脚，提着一个空水壶，拖着疲惫的身子，慢慢地向星斗塘走去。

牛，爸爸已经赶回去了，他想到这里洗洗脚，歇一歇。这里是他从童年时代就最爱的地方，青青的野草，枝繁叶茂高大挺拔的枫树，夏季里盖满了水塘的碧绿宽大的荷叶，荷叶上面滚动着晶莹的串串水珠，总是像诗篇一样盘旋在他的脑海里。对于自然景物，对于一切有生命的东西，他好像比别人更为敏感。这恬静、幽雅的处所，孕育着他多少个春天的梦……

他在水塘右边一个长青石板上坐了下来，把脚伸进了水中。

远处夕阳将下山了，半天的晚霞，把黄昏前的天际染得斑斓多彩。余晖落在他的脸上，映得面孔通红通红的。

他低下头，看着平静的水中倒映着的群山、树木，以及他自己的身影，他渐渐地意识到自己已是成人，充满着瑰丽的、梦幻般的童年，已经同自己告别了。

春君来家后，他感到自己起了变化，他弄不清楚自己为什么有这个感觉。三个月前，公公去世了，按照乡里的习惯，这个齐家，除了爸爸，他算是主要成员了。他意识到这副家庭的重担，将会逐渐地落到自己的肩上。

未来会怎样？他说不清。也许因为读过几天的“之乎者也”，对于人世，对于生活，他似乎认识得比他的父辈要深刻得多、广阔得多。

公公撒手去了，这打击是刻骨铭心的。他做梦也没想到老人家走得这么早，这样匆匆。他经历了有生以来第一次生离死别的痛苦。

儿时，公公教他识字的情景，用那件旧羊皮袄裹着他睡觉时的温暖，风雨交加，道路泥泞，艰难地背着他去枫林亭上学的疼爱……这一切一切，在他泪水模糊的视野里交织着，清晰地呈现了出来。他怎么能够忘却这位辛勤了一生、把全部爱都倾注给了自己的公公呢！

阿芝第一次到星斗塘，是公公抱着他来的，星斗塘许多神奇的故事与传说，是公公首先告诉他的。这里的一草一木都能勾起他对童年时与公公一道游玩的回忆。江山依旧，人事全非，他的心里升腾起的思念、惆怅的思绪……

他突然感到大脚趾被钳子夹住似的疼痛，急忙从水中抽出一看，脚趾涔涔地渗出殷红的血。

他慌忙地擦洗着，希望止住血。爸爸不知什么时间来到了他身边，一看这情景，心疼地说："这是虾子欺侮我的儿啊！"说着，俯下身子，拉过他的脚，仔细看了看，抚摸了几下，要领着阿芝回家去。

"疼吗？能走吗？"

"不疼，能走。"阿芝摇摇头，可是。并没起步，又问爸爸："爸爸，这塘里还有虾啊？"

"多得很，"爸爸张开两只大手，比划着，"这虾有两只大腿，像一双钳子，真厉害，挟住你，死也不放。"

阿芝听了，很感兴趣，又问："为什么很少见到？我常常来，只见水里游的鱼？"

"它的身子是透明的，在水里，你不仔细瞧，是不容易发现的；它也不轻易浮上来。你再仔细看看，那不是？那不是？"齐以德指着水里的一群虾子对儿子说。

这新鲜玩意儿的发现，转移了阿芝对公公的思念，也使他忘却了脚趾的疼痛，他站起来随着爸爸回家了。

阿芝从此再也不敢随便到塘里洗脚了。生怕再冒犯了这些虾，受到那锋利的钳子的惩罚，让爸爸、妈妈担心。

不过，对于这厉害的小生命，他从此却充满着异常的兴趣，这大约是出于他的天性吧！

自从他学习画画后，他就不一般地看待这些小生命。树木、花卉，为了画得更"像"，他常常跑到枫树下、花草旁，仔细地观察树木的叶子、枝杈是怎样生长的，开放的花朵有几个花瓣，花心是什么样，蝉透明的翅膀上有什么花纹……大自然的一切他都认真地看，看个够。至于新鲜的、从未见过的东西，更是吸引着他那永无止境的好奇心，促使着他去探索个究竟。

记得公公生前，有一次，悄悄告诉他，肖家从山上抓到一只野兔，很好看。他一听，立刻跑了去，看个没完没了，家里等他回家吃饭。到处都找不到他，后来才在肖家的兔子笼边找到了他。妈妈很生气，呵斥了他一顿，他却天真地、带着几分满足地笑了。

公公最了解孙子的心情，过了半个月，也从山上给阿芝抓来了一只野兔。他高兴得几乎跳了起来。公公多好！他总是默默地、悄悄地办着阿芝所期望的事。他高兴地搂着公公的脖子，用那嫩嫩的脸蛋，亲昵地贴着公公满是胡须的脸。

这兔子比肖家的更好看，虽然小了点，但浑身是洁白的毛，两只竖起的大耳朵，一对明亮的、金黄色的小眼睛机警地忽闪着，真招人喜爱。

那一天，整整一个上午，阿芝守着兔子，从头到尾，到它的四脚，看了又看。他发现兔子的后退比前腿长。为什么长？他说不清。反正长，画时画长些，就是了。

公公牵着牛，缓缓走来。阿芝早在门口张望着，飞快地跑了过去，双手背在背后，神秘地说：“公公，我送你一件顶好的东西，你猜猜，是什么？”

公公知道他会送什么。阿芝画画，入了迷了，这，他和全家都清楚、都惊奇。夜阑人静，阿芝沉沉入睡后，公公同婆婆，同他的爸爸妈妈不知议论过多少回。老人无法明白，那比例不均、色彩单调、十分幼稚的画，对于他怎么会有那么大的吸引力。

枫林亭辍学后，阿芝画得更多了，更勤了。他有一个自己用纸糊的袋子，里边精心地藏放着一张张画。他的小伙伴是他这时期作品的鉴赏家。

大人下地劳动了，家里只剩下他一个人。于是，伙伴们来了，争着要看他的画。他从纸袋里，一张一张地取了出来，贴在墙上。上上下下，都贴满了，好像在举办一个个人画展。

画面上有枫树，有王爷庙，有杂货铺的老头、雷公爷爷，还有鸡、冲天的春燕、伫立远望的白鹭，以及芍药、牡丹等等。几乎他眼中所见到的一切，他都用一管笔，把它们的形与影，记录在纸上。色彩是单调的，可春意盎然；难免幼稚，却不失纯真、浪漫的情趣，充满浓郁的生活气息。

公公是在他们欢乐得忘掉了时间的时刻，悄然来到这个“展览室”的。

阿芝没有料到公公会突然地到来，不知所措。心里七上八下，担心公公责怪他。其实，他哪里知道，不但公公，全家人都不止一回欣赏过他纸袋里的画。

公公好像猜透了他的心思，把他拉到怀里，故意问：“画得真不错。什么时候画了这么多？”

“好久了，闲着就画。”

“好，好。就是不要浪费描红本。”

“没有。外公说过了，我改了。”

“这鸡的脚趾可不对啊！”公公指着画说，“鸡只有四只趾，前面三只有趾甲，后一只没有。不信，你去看看。”

阿芝想了想，红着脸，笑了。

这以后，全家公开了阿芝的秘密。每当闲时，或是一家人饭后围坐在一起闲谈时，大家便要看阿芝的画。阿芝有了新作，往往主动地拿出来，请大家欣赏。

世世代代耕耘在这块土地上的齐家父子，从来没有见过什么画。阿芝的画，给他们的生活增添了新的色彩、新的内容。

公公把思绪牵回到眼前。他望着孙子摇摇头。

阿芝突然从后面拿出一张纸：

“一只兔子，给你。”

公公接过画，真像啊！长长的耳朵，细小有神的眼睛。

“哟，这后腿怎么比前腿长？”公公问。

“对了，这回你输了。”阿芝闪忽着一双顽皮的眼睛，骄傲地说，“我仔细看了好几天的，才动笔画。后腿就是比前腿长。”

晚上，阿芝睡不着。被虾蜇了一下的脚趾，隐隐有点疼。现在他躺在公公过去躺的床上。他原先睡的床位，让给了弟弟。这

里的一切，床铺、桌子、箱子，都没有变，但是比公公在世时，显得空旷、冷清多了。公公的音容笑貌，一直浮现在他的脑子里，他不知哭了多少回。

婆婆见他这样触景生情，怕他伤心太甚，坏了身子，让爸爸给他换个地方睡，他不肯。后来，就把这房间改了个样。他干活回来一看，痛哭着，争吵着，要爸爸恢复原来的样子。无奈，婆婆、爸爸、妈妈一齐动手，连夜把房间照原样恢复了。他抱着公公睡过的被子和那件曾经裹过他的羊皮袄，偷偷地痛哭了一场。

清晨，雄鸡报晓，把刚刚进入梦乡的阿芝唤醒了。他吃过早饭，准备下地了。爸爸见他疲惫、忧郁的神色、红肿的眼睛，默默无言，知道他又在思念公公，怜爱之情油然而生。

齐以德平时寡言鲜语，但心细，能从人们细微的动作中，进行分析，作出判断。

“你今天不要去了，”齐以德说，“脚伤了，下了水，要发烂。反正现在活不多。”

“你一个人，行吗？”

“今天放放水。田犁好了，看看秧，十多天就可以插了。你不要去。”齐以德口气很坚定。他知道这孩子倔强得很。

阿芝留下了。但他还是要到星子塘去。

爸爸知道他一定还是去看虾，临走时告诉他要带点饭粒去，丢在水里，不然，鱼、虾就不上来。

他趴在塘边，仔细地看着，找着。除了浮动着的几条小鱼，什么都没有，虾呢？虾哪里去了？

他拿出废纸包着的饭粒，扬起手，轻轻地撒在水里。

白色的饭粒，慢慢往下沉。果然，一群鱼蹿了上来。他全神贯注地观察着。接着，几只张着大钳的虾冲上来，又一顿一顿地往后退，再冲上来，又同样地往后退。阿芝对虾的这种动作很感兴趣。心想，它们为什么退着走？对了，对了，它们是警觉高，是防备，生怕受侵犯。他屏住了呼吸，一动不动，看呀看，深深被它们那种活泼的姿态吸引住了。他想弄几只回家养在水缸里，天天看，天天画。于是，用一个木杈，支起一个网兜，趁虾没有提防，手疾眼快，从后面一下舀过去，捞上了两只。他高兴得什么似的，赶快跑回家，放到盛满清水的一只大缸里，这就比在塘里看得更明白了。几个节，几只脚，他数了一遍又数一遍，数得一清二楚。

这一天的时间，他全部给了虾。晚上，他提起笔，铺开纸，一个劲儿地画，大大小小画了十几只。

夜很深了。他毫无倦意。

门外传来轻轻的脚步声，春君在轻轻地唤他："妈妈让你早点睡。"

细小的声音，充满着温情。

"知道了，你快回去，别着凉。"他回答着。拿起画，贴在墙上，对面站着，看了又看。

夜深了，他感到了一丝倦意，这才坐到竹椅上休息。

他隐隐感觉到了有人在摇他。睁眼一看，妈妈站在跟前。天已经大亮了。原来他昨晚坐在这竹椅上睡着了。

“这样，要弄坏身子的。画画，要有个时候，没日没夜的，在椅子上睡，什么也没盖，病了怎么办。”妈妈说着，看了他昨夜画的虾，笑了。

“画得像，画得好，是第一次画虾吧？”

“真的画得好吗？妈妈！我是第一次画虾。”阿芝高兴地叫了起来。

“真的，特别是前面那一对钳子似的腿，像极了。”妈妈又仔细地端详起那幅虾，“今天你不要下地了，好好睡一觉。”

“不行，爸爸一个人忙不过来。”他赶紧穿好了衣服，出去吃早饭。

阿芝拖着疲弱的身体，在田里那种吃力劳动的情景，齐以德看在眼里，十分焦虑，他为儿子的前途，为这个家现在和将来的生活焦虑。

齐以德的心思，齐周氏最清楚。虽然他闷着气，只是不停地抽烟，一言不发，但是，她知道他想什么，愁什么。

“你今天又怎么啦！想阿芝的事啊？”齐周氏躺在床上，侧过身子问。

“哪能不想。孩子一天天大了，身子不好，干不了田里活，将来怎么办？”他深深地吸了一口烟，“爸爸生前最不放心的就是这个。”

“不过，他挺聪明的。我爸爸常常夸他，说教过这么多学生，还没见过这样的孩子。你看他画的虾没有？像极了，越画越好。可惜生在我们家。”她叹了一口气，不说了。

“命注定。能活下来就不错了。不过，我们这号人，没力气怎么行？这年头，不会点农活，怎么生活？”

一阵沉默。齐周氏望着天花板，思忖着。齐以德不断地吸着烟，吐出一圈圈灰白的雾。

“学点手艺，也是一条路。”沉默了半天，他看了妻子一眼。

齐周氏没有回答。

“我想给他找个师傅，让他学门手艺，将来也好养家糊口。那就试试吧。这事要快点办。这孩子你别看，心里也是挺着急的，娶了媳妇，公公又去世了。这段时间，懂事多了。嘴里不说什么，心里是明白的。”

十　拜师周之美

春种大忙过后，阿芝病倒了，一直发着高烧，退不下来。家里慌成了一团，到处请郎中。服了十多付药，总算把体温降了下来，但是，半个月的大病，阿芝几乎是奄奄一息了。婆婆和妈妈担惊受怕，不停地暗暗抹泪。到了夏耘、秋收时节，全家上阵。就是把阿芝留了下来，干些轻松的活儿。

阿芝哪能闲得住呢？他倔强得很，一到地里，专拣重的活干。他想用自己的劳动，减轻一些爸爸、妈妈的负担。

一年艰难的田间劳动总算熬过去了，转眼又过了春节。元宵节的那天，阿芝从山上挑了一大捆的柴，回到了家，还没来得及卸下来，就听见婆婆的声音："阿芝，齐满师傅来了，你去看看。"

"谁呀？"

"就是那边的本家叔公齐仙佑啊！他和你爸爸是同辈，学木匠的。"婆婆解释说，"你爸爸正同他谈，想让你跟他学点手艺，不在田里干重活，你身体吃不消。"

让阿芝学点手艺，家里不知商量过多少次。开始想让他学银匠，走街串村，给富人家打些手镯饰物之类。这活儿来钱虽不多，但活轻，有手艺，比较稳定。全家都认为阿芝聪明，手巧，干这行，正合适。

商量定了后，齐以德跑去找那银匠。那人很精明，技艺是他的饭碗，不轻易传人。齐以德同他比较熟，碍着面子，不好推辞，就找了个借口，要很高的代价，说阿芝跟他学，每月要交三两银子。齐家哪里送得起？于是，只好作罢了。

今天，齐仙佑到这里来，是给阿芝祖母拜年，说是好多年没来了。齐以德见了齐仙佑，高兴地招呼他坐下。他忽然想起了阿芝，不如让他跟齐仙佑学木匠手艺？于是同齐仙佑商量，齐仙佑倒是爽快，答应了下来。他们正商谈着阿芝生计的时候，阿芝闯了进来。

“快给叔公见个礼！”齐以德高兴地示意阿芝。

“叔公，你来了。”走到齐仙佑面前，阿芝深深地一躬。

齐仙佑顺手把他拉到了身边，从头到脚，细细地看了一遍，说：

“都长这么大了。那年我路过这里，才这么高。”他做着手势，转身问齐以德：“今年多大了？”

“15岁了。”

“真快啊，一晃十几年，我们都老了。”他淡淡一笑，铜紫色的方脸上，绽出一道道很深的皱纹，厚厚的嘴唇里，露出一排被烟熏得焦黄了的牙。

齐仙佑四十来岁。不过看上去比齐以德显得苍老。没有梳理的头发，蓬松地、不规则地长着，过早灰白了的鬓角，跟络腮胡子连成了一片，倒是办起事来，要精明、世故得多了。

“跟叔公学点手艺怎么样？”齐以德问。

阿芝看了一眼爸爸，轻轻地点了点头。他没学过手艺，然而，学徒的艰辛他是知道的。虽然这件事，家里征求了他好多回意见了，但是，事到临头，想到自己即将开始那样的一种生活，离开家，跟随一个他不熟悉的人漂泊四方，心里难免升腾起一阵隐隐的凄凉与惆怅。

不过，还有其他的道路可供选择吗？没有。爸爸、妈妈为了他，操碎了心。学银匠不行，又找铜匠、补锅的，都一一被回绝了。今天，总算有了点眉目，让他学木匠。学木匠就学木匠吧，他虽然谈不上有多高兴，可也不十分为难，因为生活本来就是不容易的啊！

事情就这样定了下来。三天后，齐以德换了件新衣服，拎着个竹篮，里面装着酒、一只大母鸡和几斤肉，领着阿芝，拜师去了。

按事先约定，齐仙佑在家等着。他今天特意梳洗、打扮了一番，显得比前几天精神多了。早饭后不久，他站在门口，远远看见齐以德领着阿芝来了，高兴地迎了出去，一眼瞟见了篮子里的东西，赶紧将他们父子让进了屋。

用过茶后，按照木匠的行规，进行简朴的拜师仪式。阿芝发觉，除了神位上挂的是鲁班的像外，这仪式同他在王爷庙拜孔圣人没有什么两样。

中午饭是在齐仙佑家吃的。一切菜肴都是齐以德带来的，这叫进师酒。吃过进师酒，阿芝就算是齐满木匠的门人了。

阿芝送爸爸到村头，有点依恋，眼角红了。他极力控制着自己，生怕爸爸难过。齐以德看看阿芝单薄的身架子，看看他凄然的神色，想想他小小年纪就开始独立生活，心里一阵酸楚，止不住掉了几滴泪。

“什么事都要耐着点性子，顺着师傅。”齐以德不停地叮咛着，“叔公脾气有点怪，凡事多留神些，别蛮干。早晚天凉，多穿些衣服。要什么，捎个口信来。我们也会常来看你。”

阿芝开始了木匠的学徒生涯。他谨慎地、左右不离地站在师傅旁边，为他递工具、弄木料，干零活，一边仔细地看着师傅拉锯、推刨的手法。

开始是齐仙佑画好了墨线，量好了尺寸，让阿芝或锯、或刨，现在他能照着师傅那粗略的图案，量尺寸，画墨线，独立地操作了。

不过，阿芝毕竟身架子单薄，盖房子、上梁、立架子，用的都是大木头，百十来斤重，他实在难以扛起来，齐仙佑又十分刻薄、厉害，嫌阿芝力气小，常常不顺心，就拿他出气。过了不久，竟把阿芝辞退了。

阿芝生平没有遭逢过这么大的凌辱与打击。回到家里，他委屈地哭了一夜。

齐以德怕孩子愁出病来，又急着为他找师傅。过了一个月，托人找了个也是做大器作的木匠，拜了师。这就是齐长龄师傅。

齐长龄看上去比齐仙佑稍大了点，一张敦厚慈祥的脸，性格开朗，活泼。沉重的负担与压力，不但没有压垮他，反而造就了他乐天的性格。

“别着急，好好地练吧。无论什么本事，都是朝练晚练，练出来的。只要肯下功夫，常常练练，力气就练出来了。”坐在工具箱上，他吧嗒、吧嗒地吸着烟，恳挚地劝勉着阿芝。

齐长龄也是学徒出身，对于阿芝被齐满木匠辞退后的心境是十分理解的。他宽慰阿芝，自然也是由于他自己也过过辛酸的学徒生活。

“力气是练出来的”，阿芝领会这是师傅经验的总结，也许师傅在年轻时，同自己一样，体弱多病，吃过不少的苦头。阿芝躺在床上，静静地回味着师傅白天同他所谈的话，他觉得有道理。他下定决心，一点一滴地按照师傅说的做下去。

在陈家三个月，阿芝除了学技术，就练气力。渐渐地，情况有了好转，一般中等的木头，说扛就扛，放在肩上，走起路来，不慌不忙，轻松自如。

齐长龄看到徒弟肯学，不惜力，吃得苦，心里暗暗地高兴。他怜爱这个聪敏、好学的徒弟。太重、太费劲的活，自己扛、自己干，技术性的活、比较轻松的活让阿芝干。这些阿芝都看在眼里，记在心里。

阿芝在齐长龄的身边，心境是舒畅的，手艺也一天天地成熟了起来。

陈家的房子盖好了，他们要转到另外一个地方去。他们沿着羊肠小道前行，远远地看见了前面三个人，也挑着木工的工具，迎面走来。

走到身边，齐长龄拉着阿芝，闪在路旁，恭恭敬敬地站着，堆着笑脸，同他们打招呼、问好。

这三个人，有几分傲慢，表现出要理不理的样子。前面那个高个儿扫了他们一眼，眼光随即转向别处，从鼻孔里挤出一句话："从哪里来？"

齐长龄连忙回答："给那边陈家盖几间房子，刚完工。"

"赚不少钱啦？"最后面那瘦个儿，带着讥讽的口吻说。

"哪里会，做粗活，一天能挣几个钱？这年头。"

"还带了徒弟？"高个儿的这句问话，包含有轻视的成分，似乎说像他这样的手艺，还配带徒弟。

"刚来，刚来……"没有等齐长龄说完，三个人扬长而去。

齐长龄呆呆地站着，目送他们远去的身影。

阿芝对这一情景，很有些弄不明白，也颇有几分反感。他心想，同是木匠，同样干力气活，难道还有高低贵贱的不同？他得不出答案，忍不住问师傅。

“小孩子不懂规矩，”齐长龄不高兴地拉长脸，“人家是小器作，做的是细活，八仙桌、雕花床，这手艺，不是聪明灵巧的人，一辈子也学不会。木匠当中百个里面也只有几个会细活的。我们哪能跟他们平起平坐？”

阿芝从来没有看见师傅这么严肃过，也就不做声了。

但他不服气，嘴里不说，心里暗暗在想，小器作，大器作，都是木匠，卖力气的，有什么高低之分？虽说雕花这手艺比较细致，难一点，但是，人都有一双手，难道人家能学会，自己就学不会？他下决心要学会这门手艺。

他们默默地走了好几里路。

齐长龄感到刚才的话，似乎严厉了些，怕伤了阿芝的心，于是又用缓和的语气说：“你念过书，聪明、年轻，是同样可以学会细作手艺的，只要找上一个好师傅。不过，这样的师傅也不大容易找。”

顿了一下，齐长龄说：“离这里不远有个周家洞，去过没有？”

“小时候去过。”阿芝不知道师傅为什么问他这地方。

“那里有一个叫周之美的，是雕花木匠。他的手艺，在白石铺这一带，远近闻名。听说小时候，他很穷，给人当长工。有一次主人家来了个雕花木匠，花白胡须，有一手绝技。周之美晚间同他睡在一起，对老人家很敬重。每天早晚给老人打热水洗脸、烫脚，还常常替他洗衣服，无微不至地关怀老人。老人见他诚实、聪明，这样热情地照顾自己，就收了他做徒弟，尽心地把平生的全部技艺都教给了他。老人后来不行了，眼睛看不见东西，周之美这时已经出了名，他就把老人当做自己的亲人养了起来，一直到老人去世。”齐长龄边走边介绍周之美，“他用平刀法雕刻人物、花卉，更是一绝。”

阿芝很感兴趣地听着。回到家里，把这天的所见所闻一一对爸爸说了。

“你想学细木活？”齐以德听后问。

“细木活好，有手艺，不劳累。”齐周氏接着说，“阿芝体弱，老干粗大活，吃不消，我老是提心吊胆的。”

齐以德看了看阿芝，说：“也好。这一年，你也摸了摸木匠工具，干了木匠活，总算有些底子。周之美是白石铺一代名师，不知肯不肯收，打听打听再说。”他披上一件衣服，刚跨出门，又转身回来问，“你这一走，齐长龄会同意吗？他待你可不错啊。”

“是他主动提出来的，说我干那活合适，让我问问家里，我就回来了。”

“齐长龄这人也真好。你有朝一日出了名，可别忘了他老人家一片心意呀！”齐以德看了阿芝一眼，出去了。

周之美，四十七八岁，鸭蛋形的脸，高高隆起的鼻子，厚大的嘴唇，看上去比实际年龄要小得多。

他没有结婚，孤身一人，过着漂泊不定的生活。细木雕花的手艺，是受人敬重的。他也因此经常出入于名门望族之家，不过他始终保持农家那种淳朴、厚道的作风。

他看着阿芝修长的身材，白净的肤色，一双机灵的、沉思的眼睛，十分喜欢。特别是他读了一些书，还学过一年多的大器作的活，掌握了一些木工的基本技术，这使周之美更为满意。

他知道齐纯芝这个名字，是从齐长龄那里听来的。一天，在白石铺买酒，碰巧齐长龄也来买酒，两人相见，十分高兴，问长问短，没完没了。

齐长龄问："周师傅啊，好久不见了，你忙啊？"

"外出做活刚回来。你好吧？"

"凑合过吧，这年头。"齐长龄说，"你还那样，一个人？"

周之美苦笑了一下，点点头。回问："听说你带徒弟了？谁家孩子？"

"齐以德的长子，齐纯芝。"

"啊，是齐十爷的孙子吧，那孩子不错。"

"是不错。教什么，会什么，脑子灵得很，又肯学。"齐长龄夸着，试探地说："不过，我这粗木活没啥学的，跟你学细木雕花才合适哩。"

"你舍得？"周之美笑了笑。

"有什么舍不得的。老跟我学下去，倒误了他的前程。况且，这孩子自己也有这个意思。”

周之美思索了一下，半信半疑地说：“这样好了，等他找上门来再说吧。”

两人又拉呱儿了一阵，告别走了。

三天后，齐以德找到了周之美，周之美高兴极了，满口答应了下来。

如今，阿芝就站在他的面前。他十分兴奋地接待他们父子，按惯例行了拜师礼，齐以德满怀喜悦地回了家。阿芝毕竟经过了两个师傅，对这种在外面做活的流动生活也习惯多了，而且是自己有意跟周师傅学手艺，爸爸虽然走了，自己留了下来，也感到很是自然，很是安心。

周之美是有点性格的，他喜欢的人，就打从心坎里喜欢。他对阿芝，就是这样。他喜欢阿芝，就恨不得很快把阿芝教会，恨不得把自己的技艺一丝不留的全都让阿芝接收。他首先把自己的全套雕花图案让阿芝观看、学习，着手临摹。阿芝虽然画过几年画，也看过一些画，但从来没有见过这么精美的仕女、花卉、走兽图案画。那种高兴的心情可想而知。

学了图案画之后，周之美就讲解雕花工艺。从木料花纹的选择，进刀的程序、方法，一一由浅而深、由简而繁地讲述。当阿芝在理论上有了领会，就让阿芝试刀。从简单的图案开始，到复杂精美的构图布局，由表面的雕削，到内部的镂镌，在周之美的精心培育下，阿芝开始了木雕生涯。这是他人生的一次重大转折，也是他为今后的艺术事业奠下的第一块基石。

十一　出师和圆房

阿芝的出师和他同春君的圆房，选择在同一个“黄道吉日”。

这一天，在阿芝的人生中留下永远难以忘怀的记忆。

清朝年间，对贫苦的农家来说，三年学徒出师和士子中了功名一样，是一件大喜事。

陈旧的房屋门窗，三天前已经刷洗一新。晒谷场上的柴火、杂物整理得有条有序，给人一种整洁、清新的感觉。

阿芝一大早就起床了，洗过脸，他亲自将一副用大红蜡光纸写的对联端端正正地贴在门首的两旁：

超人技艺得名师指点扬乡里

美满姻缘承祖宗福荫启后人

横批是：

鲁班门人

字写得苍劲，有力。阿芝站在远处，仔细观察了一会儿，满意地微笑了。

婆婆走了过来，指着对联，小声问阿芝："那上面写的是什么，你读读。"

阿芝侧过身子，一字一句地念着，解释着。婆婆不住地点头，眉宇渐渐地舒展开，笑了。

多少年来，齐家的庭院，没有像今天这样热闹过。阿芝出师、圆房的消息，早就在亲朋好友间传开了。按着预先约定好的这个黄道吉日，他们从白石铺方圆几十里赶到这里相聚，共同享受齐家这个欢乐的时刻。

周之美今天格外高兴。他昨天理了发，今天又换上一套崭新的衣裤，风度翩翩、满面春风地来到齐家。

婆婆很兴奋。她拉着周之美的手，从头到脚端详了好几遍。

"你是我们齐家的大恩人，"婆婆激动得热泪盈眶，"没有你，哪有阿芝的今天，我这老太婆不知道应该怎样感谢你。"

周之美被这番肺腑之言感动得不知怎样安慰这位老人家才好，他的眼睛里也溅着泪花，他的嗓子发哽了。想了又想，才结结巴巴地说："这都是阿芝这孩子好，聪明，肯干。古语说，'师傅领进门，学成在个人'。他有出息，你要感到骄傲。"

婆婆听了，破涕为笑，看着阿芝说："这孩子是我心上的肉，聪明倒是聪明，就是身架子软，你要管他管到底。"

周之美也笑了起来："你老人家放心，以后我们还在一起。”

阿芝显得很平静，但是，他的内心却如澎湃的春潮起落着。婆婆对师傅的感激之情，也勾起了他对三年学徒生活的回忆。他做梦也没有想到，在这样一个残酷的、世态炎凉的社会里，一个身怀绝技、百里闻名的雕花艺匠，竟会对自己倾注了全部的爱。

在师傅的尽心传授和指点下，加上自己的勤奋，不断丰富实践经验，不断增加知识积累，不断提高艺术修养和艺术技巧，阿芝天赋的艺术灵性，得到了激发。三个月后，他就能独立工作了。雕刻刀在他手下运用自如，随着木屑的纷纷扬起，木板上绽出了一朵朵盛开的牡丹，出现了玉立的仙鹤、飘然下凡的神仙、倚窗眺望的淑女……

阿芝艺术上进步之快，使周之美暗暗吃惊。他带过好几个徒弟了，一般情况下，要掌握他这一套本领，没有两三年的时间是不行的，而阿芝仅仅用了半年。这使周之美感到欣慰和喜悦。

在这个世界上，周之美的师傅是他唯一的亲人，但故去了，现在算得上的，只有阿芝。

“做木匠易，做人难。”一次，周之美沽了一壶酒，与阿芝相对而坐，边吃边谈，“这世上，没有一点手艺，要受苦；有了手艺，千万不能拿去坑人。我一生对谁都一样。你将来独立了，离开我了，总算还是周之美的门人。”

“我永远永远都不会忘记师傅，一生一世都不会忘记师傅的教诲和恩情！”阿芝感情十分激动。

“恩情说不上，我们彼此确是有感情的，人总有分手的一天，本来舍不得你离开，但又不能耽误你呀！”说着，他撩起衣角，抹着眼泪。

阿芝的视野也有些模糊了，他只好强忍着，师傅这么一把年纪了，如果自己再动感情，就更会引起师傅的伤心。

空气沉静得像深夜的旷野。

齐家的宴席是简朴的，但却是欢快的。周之美老师傅今天受到了人们格外的尊重。齐家上下，以及来齐家的所有亲戚朋友，一个一个举起酒杯，走到周之美跟前来敬酒。周之美心里在想，今天个个是知己，怎能不饮个痛快呢！

酒宴一直进行到将近傍晚。客人渐渐地散去了。齐家一再挽留周之美多住几天，周之美婉言辞谢了。

阿芝刚刚圆房，周之美嘱咐阿芝在家多住几天，过了十五日，再到白石铺找他。因为阿芝虽然出了师，但是做活的门路还不熟，知道他的人不多。周之美决定带他一段时间，到处跑跑，认识更多的人，也让更多的人认识他。

春去夏来，转眼又是立秋，在周之美的带领下，阿芝的声名在白石铺一带，远近传扬。婚嫁喜庆，找他们做雕花家具的，应接不暇。起初是师徒一道去，后来，雇请的人越来越多，顾不过来了，周之美就让阿芝一个人独立工作了。

阿芝从此开始有收入。雕花工钱是按件计算的。一个八仙桌、一张雕花床，需要多少工，合多少钱，都是事先商议好了的。到活儿完了之后，东家就按议定的数目付款。一年下来，积攒的工钱也有了相当不小的数目。他知道家境不好，生活艰难，一文钱也舍不得花。到一定时候，就送回家去，交给母亲。母亲伸手接过这发着温热的钱，真是暖在心里，甜在心里。不住地说："我的好阿芝啊！你能挣钱了，我们的日子苦出头了！"

今天，他又送钱回家来。

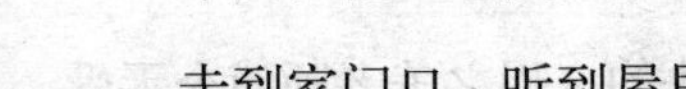

走到家门口，听到屋里有说话声，像是来了客人。

他推门跨进了屋，只见迎面坐着一个身着浅蓝色长衫、面目清秀的中年男子。齐以德见是儿子回来了，指着客人，介绍说："这是咱们本家叔父齐伯常。"又转向齐伯常介绍说，"这是阿芝。"

齐伯常站起来，连连点头，露着笑意。他是湘潭的一个绅士，名敦元。家里有些资财，读过多年的书，因为倦于宦海生活，借故辞官，回到了家，过着隐迹山林的闲适生活。

前些天，湘潭的一位书友来家做客，闲谈中，齐伯常说想请雕花匠为女儿做几件嫁妆，听说周之美手艺不凡，可又不知他现在在哪个主人家。

朋友一听，哈哈大笑："贤弟何必远劳，我听说你们本家就有一位出色的雕花匠。"

"谁啊？我怎么没听说过？"

"齐十爷你知道吗？他的长孙，齐纯芝，芝木匠啊！"

“噢！芝木匠倒是听人提过，尚不知道他是齐十爷的后代。”伯常忽然想起了什么似的。

“芝木匠年纪不大，手艺却在他的师傅周之美之上。前些日子，庆元家女儿出嫁办嫁妆，请阿芝去了。这孩子雕花不但有功力，而且有新意。过去，人物、花卉，不过是‘麒麟送子’、‘状元及第’之类，陈陈相因，他却变了花样，自己设计了‘郭子仪上寿’、‘刘备招亲’，又创作了石榴、葡萄、牡丹、梅花、秀竹之类，刀法娴熟，线条流畅，构图新颖，功力不凡，他是青出于蓝啊，你能请到他，还要什么周之美！”

一句话，把齐伯常一大早引到了杏子坞齐家来了。

因为是本家，又是专程请他的，盛情难却，同父亲商量后，阿芝推辞了其他家的活，挑着工具箱，第二天赶到了伯常的家。

在齐伯常前院的稻谷仓前，阿芝排开了工具，开始干活了。整整干了二十天，因为是他出师后第一次独立地承受比较繁重的活，所以阿芝倾注了全部的智慧与精力。在动手之前，他依着旧的绣像小说里的插图，精心设计了各种图案，将自己平日里常画的飞禽走兽、花草鱼虫，加上山水布置，先构成图案，然后依图施工，精雕细刻，别开生面。

齐伯常几乎天天去看他。看见阿芝的手艺的确不凡，做出的家具精细别致，构图有新意，富于变化，高兴得不得了。嫁妆做完后，又再请阿芝为自己的书房做了两把雕花的椅子。

齐伯常想不到齐家竟然也出了这么个名匠高手，喜不自禁。

晚饭后，齐伯常特意请阿芝到自己的书房，他的公子齐公甫也来陪坐。公甫比阿芝小五六岁，天真活泼。在阿芝干活的二十多天里，几乎同阿芝朝夕相处，谈诗论画，叙说各自的童年生活和爱好，十分投契。

齐伯常让阿芝落座后，大大地称赞了一番阿芝的技艺，然后问："你少时读过书吗？"

"读了半年就辍学了。"公甫抢着替他回答。

阿芝笑着，点点头，看了看公甫。

"你这样聪颖，不能读书，实在可惜。"伯常叹了一口气，"平时还看点书吗？"

"看，这十多年，一天也没间断过。"

"他的箱子里有好几本书，《论语》、《淮南子》、《吕氏春秋》。那天，就是雕做这椅子的头一天，"公甫拍了一下他坐着的新椅子说，"我们还讨论了孔圣人的'仁'，到底讲的什么意思。"

齐伯常一听，眼里放出惊奇的、兴奋的光彩。忽然，站了起来，在屋内来回踱着，深有感触地说：

"自古名士出寒门，这一点也不假。三国的董季直，晋代的车胤、孙康，穷得没有油点灯看书，就用荧光、冬雪作照明，终于做出了大学问。你只要肯下功夫，来日可待。"

阿芝静静地听着，不时地点着头。

"你画画有点门道。"伯常话题一转，问道，"你什么时候，跟谁学的？”

公甫一听，忍不住地笑了起来。他听过阿芝绘声绘色地向他讲述童年时偷偷学画的种种趣闻。

“你笑什么？”齐伯常脸色一沉，疑惑不解地看了公甫一眼。

公甫知道自己失礼了，看着父亲严肃的面容，有点紧张。

阿芝见这情况，笑着说：“少时，我偷偷地学画，闹了不少笑话，前几天我同公子谈了，他也觉得有趣。”接着阿芝将自己学画的经过，简略地说了一遍。

“噢！你现在还画吗？”齐伯常很感兴趣地问。

“反正没停过，上了瘾了。三五天不画，手就痒痒的。现在学雕刻，更需要画了，所以，也有机会，积些图案，一笔一画，学着来，画得不太好就是了。”

齐伯常回到了座位上，说：“这样好。我看你雕的花卉有创新，功力不浅，没有画画的基础，肯定不行。这里的活儿完了，我想介绍你到一个姓蔡的家里去，好吗？”

没等阿芝回答，他又接着说：

“这也是一户书香人家。是我过去的同窗好友。新近她妹妹要出嫁，办嫁妆，曾经托我找雕花匠，我看你挺合适。我写一封信，你找找他如何？”

阿芝沉默着，不言语。脸上露出了难色。齐伯常一看，弄不清阿芝是什么意思，试探着问：“你不愿意去？”

公甫赶忙说："爸爸，周之美、阿芝现在是百里方圆内谁不知道的雕花名匠？人家上门请，还请不上；他又不认识蔡家，你让他自找上门，合适吗？"

齐伯常经公甫一说，恍然大悟，哈哈大笑了起来：

"我糊涂了，我糊涂了。你们细木雕花匠中，好像也有这么一条不成文的规矩，这样吧，我写一封信派人送去，让蔡家专程来家接你，如何？"

阿芝不好意思地点了点头，内心充满了感激。

第三天早饭后不久，蔡家公子亲自带着家人，赶了二十多里的路，到了齐伯常家。齐伯常拉着蔡公子说："仁兄，你先看看东西，再听我同你讲。"说着将他拉到客厅右边的一间空屋里，详尽地介绍阿芝制造的一件件别出新意的家具。那富于变化的造型，设计新颖的构图，娴熟的刀法，浓淡相宜的色泽，显得既古朴，又淡雅清丽。蔡公子仔细地看着，暗暗称奇："想不到在这穷山荒野之中，竟有这样的名师高手。"

"怎么样？我介绍的没错吧！"齐伯常得意地说。"他是我本家的侄子，只念过半年书，十多年来一直自学不辍，粗通文墨。闲时，你同他好好谈谈。"

这样，在蔡家的盛情邀请下，阿芝到了蔡家。

蔡家宅院是老式的房子，依山傍水，风景幽静秀丽。进大门，迎面是一座屏风，屏风前，一块大青石，石上刻着"山居必”三个苍劲的大字。青石两旁种着两棵腊梅，一排冬青。转过屏风，是一个打扫得十分清洁的庭院。光滑的鹅蛋石铺成的甬道旁，长着两大丛青翠的竹子，还有繁茂、碧绿的柏树。

东西两厢各有六七间房子。坐北朝南的正屋，高出庭院约二尺左右。雕龙画凤、朱红的两根大柱前，卧着两个石狮子。一切显得庄重华贵。

因为是齐伯常的本家，手艺又是如此的高超，所以蔡家把阿芝当做宾客款待。

西厢是蔡公子弟弟读书的地方，窗明几净，现在让给了阿芝。蔡家还专门派了佣人照料阿芝，一应茶水、饮食，都有专人侍候。

阿芝将自己的行李、工具挑到了西厢的这间屋内。抬头一看，这间屋面积虽然不大，却布置得十分素朴高雅。临窗的一张小几上摆着一盘兰花和金橘。正面的墙上，挂着一幅石涛的竹子和几副条幅。床的西边，两个大书架上，摆满了各种线装书，一看便知，主人必是高雅之士。

阿芝洗过脸，正凝神看石涛的竹图，蔡公子换了一套玄狐色的长衫，推门进来。阿芝连忙躬身，请公子就座。

“打搅公子了，如此高谊，实不敢当。”

“你我都不是外人，不必客气了。伯常是我莫逆之交，你是他的本家，到了这里，就像是自己的家，随便一点，需要什么，尽管吩咐，不必客气。”

阿芝见他一表人才，青春年华，出言不俗，十分高兴，便问道：“公子要做家具，不知有什么具体要求？”

“这全凭仁兄的高手了。小弟于此道是门外汉。”蔡公子谦虚地说，“不过，舍妹识几个字，诗词也通晓一些。所以，在图案设计上，希望素雅、清淡，不喜欢花哨庸俗，就这一点要求，其他的，凭你做主了。”

他看了阿芝一眼，又说：“听说你喜欢读书？”

阿芝笑笑，点了点头。

“不知你要看哪类书。”蔡公子说，“我们家书也不多，没有什么好书。搬了几次家，丢了不少。这间屋是弟弟的书房，你可以随便翻看，不必客气。”

说完，蔡公子站了起来：

“你请休息，跑了半天的路，累了。有空，我再来看你。需要什么，告诉一下家里人就行。”

对于这次的嫁妆制造，因为主人家提出了要求，阿芝在构图设计上下了一番工夫。设计、对比了好几种方案，然后才动手制作。

作业进展很快，一个来月时间，雕花床铺和桌椅都完成了。主人又要请他做个香案和屏风。

蔡公子经常来现场观看阿芝操作。只见一堆堆的木头，在阿芝的手里，渐渐地变成了一件件精美的家具，真令人惊叹。一天下午，他搀扶着母亲，来到现场观看了这些家具。老人赞不绝

口，说她活了七十多岁，也见过一些世面，像这样好的手艺，她还是第一次见到。

主人的夸奖是对阿芝艺术造诣的肯定。他觉得这样的劳动生活，充实而有意义。

他日间劳作，夜阑人静的时候，就伏案看书。当他温习完《论语》，走到大书架前，只见一摞一摞的书，整整齐齐地摆在书架里。有《史记》、《汉书》等二十四史，有唐宋各家的文集诗集，还有其他好多好多的书。有些书名，他连听都没听说过。如今有机会能看到这么多的书，他高兴极了。

十二　意外发现

在蔡家的这三十多天木匠作业，阿芝每天晚饭后，什么地方也不去，一头扎在书房星，一个劲儿地翻阅着各种书籍。

他从这一本翻到那一本，从这一架翻到那一架，挨次翻下去。他知道自己在这里的时间不多，读不了这么多的书，于是，他把自己认为好的书，一本本记下来，以备将来查找。

一天晚上，在翻阅第三架时，阿芝发现书架的最上面，有一包用纸包着的书。开本似乎比其他的要大一些。显然主人保护得很精细，肯定是珍本或善本。他搬来凳子，登上取了下来，拂去上面的灰尘，小心翼翼地打开来，里边是厚厚的三本书。黄色的封面上，朱红色的线框内，端端正正地书写着五个大字："芥子园画谱"。

他急忙翻阅着，只见里画有《树谱》、《山石谱》、《人物屋宇谱》、《兰谱》、《竹谱》、《梅谱》等等，应有尽有。他的精神为之振奋，激动的心境简直难以形容。他做梦也没有想到，人世间居然还有这样精美的，供人学画的书。

其实，这部画谱的问世，距阿芝的出生也不过百多年。它是以清初名士李笠翁的金陵别墅——芥子园为名的。

李笠翁的女婿沈心友有一卷李长蘅画的山水画稿，凡四十三页。后来，沈心友又请山水画名家王安节，花了三年时间进行整理，增加到了一百三十三页，附了临摹古人的各式山水画四十幅。将中国山水画的传统技法，一一写了下来。

康熙十八年，沈心友将这本画稿精刻成书行世。这就是现在的《芥子园画谱》第一集。

之后，沈心友约请了画家诸曦画竹兰谱，王蕴庵画梅竹及草虫花鸟谱，又经王安节、王宓草、王司直三兄弟的斟酌增删，写了学画浅说，康熙四十年刻印行世，即为《画谱》的第二、第三集了。

嘉庆二十三年，书商又把民间流传的丁鹤洲编的《写真秘诀》等画谱汇集，假冒《画谱》第四集行世。

在阿芝出生后的同治年间，在当时的印刷条件下，以他这样的地位和出身的人，根本见不到这个《画谱》。不过，在中国画苑的历史上，这部画谱，从它诞生以后，不知孕育了多少丹青大师。

排在阿芝面前的这套《画谱》，康熙年间刻印的，开化纸，木刻板，五色套印，极为精美。他意想不到，竟会在这样的一个地方发现这样难得的精品。

记得上蒙馆时，偶尔听到同班同学说过这部书，不过一般人家不轻易借人。市面上又难以买到，即使有，价格昂贵，像他这样的家庭，也不敢问津。谁料到在这个宁静的夜晚，竟然见到这套书。他的喜悦之情，简直不亚于从周之美学艺三年的出师之日了。

画谱讲解了从作画的第一笔开始，一直到全幅画画成的全过程。用墨着色的浓淡、深浅、先后、远近、配合和渲染之法，都有十分详尽的叙述，为初学者提供了难得的入门之法。

书中所说的分宗、重品、六要六长、三病、计皴、释名、触变……他过去听都没听过。画画，原来还有这么多学问啊！

夜已经很深了，他毫无倦意。就着微弱的灯，他如饥似渴地、贪婪地看着，一页、一页、又一页，一幅幅仔细地观看、揣摩着。

他深深感到，自己过去画的东西，问题实在不少。画人物，身首缺乏一定的比例，画花卉，常常是花、叶搭配不当。

他想和过去勾影雷神爷爷像那样，把这本《画谱》全部勾影下来，从头学起。可是，书是人家的，能借我用一用吗？

秋夜有点凉意。他不时站起来，在室里走着、思忖着，思绪万千。天际已渐渐明亮了起来。奇怪，往日报晓的雄鸡怎么没有叫？莫非自己没听到？

他吹灭了灯，和衣躺着，却难以入睡。《画谱》所唤起的激情一直无法消失。待听到院子里有人在扫地、走动，他便一跃而起，将书按原来的样子，包好放好。他想，反正还有几天的活，还可以继续看的。

这样，每天晚上，一吃完晚饭，阿芝就回到了室内，拉上窗帘，尽情地、静心地看起《画谱》来。一边看，一边比划着。他后悔自己没有带纸笔来。案上虽然摆着砚台、宣纸和笔，他手痒痒的，但不敢动，因为这是主人的啊！他从不随便使用人家的东西。

第二集还没有看完，蔡家的活儿已经完工了，他就要走了。他多么希望能再有活儿，让他多干几天！这样，他可以将第二集、第三集都看完。不过，这终究不是妥善的办法，匆忙看一遍，能够记住多少？要是借了去，慢慢细看，勾影了下来，边看边实践，那该多好！能否借一借？主人肯吗？是不是找找齐伯常，请他代为借一下？他思索着，矛盾着，拿不定主意，烦躁不安地在屋内来回走着。

门被轻轻推开了，蔡公子走了进来。

“怎么样，这几天累了你了，看你眼睛布满了血丝，睡得不好？”他似乎没有觉察到阿芝的情绪。

阿芝极力平静了一下自己，笑了笑，说：“挺好的，没什么。这个把月，给你们添麻烦了。以后有什么活儿，尽管说，自家人。”

“要说麻烦，首先是麻烦了你。因为家父不在家，先做这几件。等老人家回来后，再商量一下，如果需要，再请你。”蔡公子递过一包红纸包着的银元，看样子分量不轻，“母亲说，你这样尽力，应该多给一些酬金，请笑纳。”

阿芝说声“谢谢”，但没有伸手接红包，似乎有话要说，却欲言又止，神色有紧张。

蔡公子有点奇怪，便问：“你有什么事，什么困难吗？小弟当倾力相助，你不必客气。我这个人，伯常最了解。”

“有一件事相烦，不知公子意下如何？”阿芝迟疑了好大一阵，终于开了口，因为他内心一直矛盾着，不说吧，机会难得，说了吧，又怕人家作难，双方都怪难为情的。

“有什么事，你直说吧！”

“我看了这屋里一套《芥子园画谱》，真好。我喜欢画画，你知道，这本书对我很有好处，我想借用一个时期，一定如期奉还。”他红着脸，手脚好像也没有放处，腼腆地望着蔡公子。

蔡公子哈哈大笑了起来。

“我当是什么天大的事。原来是这个，好办，好办。这套画谱是家父给弟弟买的。弟弟外出了，一时回不来，你拿去吧，没关系的。他回来，我同他说说就是了。”说着，他踏上凳子，取了下来，交给了阿芝。

阿芝感激地连声道谢：“我回去赶快临摹。先借第一集，完了，再借第二集，如何？”

蔡公子说：“不必了，你又不是外人，全部拿去吧，免得来往奔跑。”

阿芝回到了家，已近掌灯时分。这二十多里的路程，他觉得比平时近多了。

放下工具箱，他顾不得洗脸，兴冲冲地把妈妈请到屋里，将那包沉甸甸的红包交给了她。

妈妈很高兴。这些年阿芝能挣钱了，给这个苦难的家减轻了不少的负担。每次回来，他都一个铜板不剩地全数送到妈妈手里。

阿芝看了一下妈妈的脸色，知道她心情很好，试探着问：“妈妈，我在蔡家，看到一本书，真好。”说着取出《芥子园画谱》，给齐周氏翻动着、解释着，“这本书，湘潭也买不到。听说长沙才有，贵得很。我是从主人家那里借来的。”

齐周氏从来没有见过这么精美的画册，那纸上的人儿、花卉、山石，实在太像、太美了。她叫来了春君。三人在小油灯下。头对着头，一页页地翻着。

“这书真好。他以后雕花能派上用场。”春君偷看了阿芝一眼，不好意思地笑了笑。

“是呀。不过是人家的。还不还？”齐周氏问。

“哪能不还？我想把它勾影下来。”阿芝说，“妈妈，可不可以从工钱里匀些出来，买些纸笔和颜料？”

“这还用问？”妈妈一听，从手中取出几十个铜板，交给阿芝，“够不够？你明天去买就是了。”

第二天，阿芝跑到镇上，买来了纸张和颜料。从这天晚上开始，阿芝把裁得整整齐齐的纸，铺在画册上，从第一页开始，精心地勾影起来。他先勾树，从“二株分形”、“二株交形”、

“大小二株法”，一直勾到“树中衬贴疏枝法”，整整勾了十一幅。直到妈妈怕他累坏了身子，过来敲门，让他早点睡时为止。

阿芝的操作十分认真、十分精细，勾勒出来的作品，也就十分逼真。第一步是成功了，接着进行第二步，设色。他依着原样，找相应的颜色往上填。但是，谈何容易？他读了书上关于设色的论述。不过，书中说的“天有云霞，烂然成锦，此天之设色也”，“人有眉目唇齿，明皓红黑，错属于面，此人之设色也……”这说得固然好，但自己还未经验过。就拿人的眉目唇齿，哪里明皓，哪里敷红，哪里着黑，完全靠自己掌握了。

阿芝看完了这些论述，潜心地揣摩了好久，调好颜色，然后，对照着原图，一笔笔地填了起来。一直进行到子夜，总算完成了昨天勾勒的那几幅的设色工作。

勾勒、设色，花去了他半年多的业余时间。他把这些画，按照原来的样子，装成十六本，自己还精心地设计了一个封面。

这是当代艺术大师齐白石，在他青年时代进行的一次最大规模的绘画实践。虽然在当时还很难看出它对这位大师一生事业的深远影响，但是，有了这套书，使他雕花的技巧，跃进到一个新的阶段，画谱为他开拓了一个完全崭新的境地。

有了这个画谱，他如鱼得水。在承接雕花木活时，更是得心应手，他变化无穷地进行设计，创造出了许许多多使百里之内的乡亲们叹为观止的佳作。

雕花推动着他的绘画学习，绘画成果又深化、丰富了他雕花的表现手法。“艺术匠”的声誉已经超越周之美了。而周之美，这位在阿芝人生道路上起过重大作用，淳朴、正直的民间艺人，对于门生的每一点进步，都感到由衷地高兴。

“我知道这孩子不一般，有出息。”周之美曾深有感慨地对别人说过，“人穷不怕，就怕志短。这孩子从小有志气，干什么，学什么，认真得很。”

《芥子园画谱》把阿芝的全部爱好、兴趣、精力，统统吸引了过去。他在这个精心装订的十六本小册子里，倾注了全部的情感。

他26岁了。离第一次勾影这个《画谱》，已经过去六个年头了。这六年间，他按照这《画谱》临了无数遍，积累了上千张的手稿。他的第一个女儿，已经能天真地学着父亲在纸上画画了。

在祖国深厚的艺术土壤之中，他逐渐走向了成熟。从枫林亭蒙馆画雷公神像，到如今临摹几千张画，二十多个年头，饱含着他的血与泪，饱含着他执著的追求与热切的期待，以及那说不清、道不尽的欢愉与惆怅，他走过了一条艰辛而光辉的艺术之路！

他的画，渐渐地在白石铺方圆数百里的农村流传开来，享有盛名。

“阿芝，还记得我吗？”一个瘦长个子，方脸，穿着一身紫蓝色长衫的年轻人，走进门来。

阿芝抬头一看，挺面熟的，可是记不起来了。他放下笔，站起来，亲切地招呼客人坐下。

“你是？”

“我小名叫阿灵，瘦灵子啊！”那人自我介绍说，“王爷庙上蒙馆，我坐在你左边前面的第三个位子上，忘啦？”

“噢！”阿芝叫了一声，突然间，儿时那渐渐淡漠了的往事，又在他心灵的底层显现出来，“一晃十多年了，你都好啊！”

“马马虎虎地过吧！”阿灵凄然一笑，“听说你不错，出师了，有一手好手艺，画也有了很大的长进。”

“随便画画，还是老样子。”阿芝为他斟茶，“这么老远跑来，你一定有什么事？做家具？”

“一桩小事。”他忽闪着那双依然有神的眼睛，“家父对你的画很欣赏，知道你是我的同窗好友，叫我找找你，看看给画个画。”

“画画？”阿芝看了他一眼，反问一句。

“是的。小时你还欠我一张呢！”阿灵顽皮地看着阿芝，哈哈大笑，“忘了！为你的画，我流了不少鼻血呢！”

阿芝也笑了。

“你还记得那些事啊！”他不好意思地说。

“记得，记得。什么事都忘了，就这一件记得。”阿灵兴奋地沉浸在回忆中，“那天在柏树林子，胖子抢了你送给我的画，我怎么也不干，就去追，不小心，石头一绊，跌得人仰马翻，碰破了鼻子。周先生告到家父那儿，回家罚我站了半天呢。”

他边说，边伸出右手，在空中有力地比划着，把阿芝的思绪带进了那甜蜜的回忆之中。

“你这一说，我也想起来了。”阿芝高兴地说，“你父亲要画什么？”

“春天，我们家新翻盖了房子，已经搬进去住了。母亲看看原来那个观音菩萨像旧了，就让父亲找人再画一张。前些日子，我姨父来家，说你在他家做家具，不但手艺好，还画得好，临走前还给他画了一张佛像，对吗？他赞不绝口。”阿灵呷了一口茶，“母亲一听，让父亲找你。父亲一打听，知道我与你同窗读过书，就叫我来了。我今天还怕碰不上你呢。”

“画得不太好。”阿芝沉吟了一下，“既然你亲自跑了那么远，我试试看。”

他利用晚上的时间，展开素纸，一笔一画，精心地画了起来。

如今好办了，有了画谱，加之他这么多年的临摹，功力不浅了，所以也不觉得费劲。三天后，他就托人将观音像给阿灵捎去。

不知是何年何月开始，他渐渐地日间做雕花木活，夜间潜心画起神像来。他绘制了许许多多他从来没有见过的天国里神仙们的形象。以前，只是勾勒，临摹，如今，是正式开始独立的艺术创作了。

在这四五年间，他的画同他的雕花手艺一样，一传十，十传百，在湘潭的农舍，在有钱人家的深宅大院，在闺阁绣房，被谈论着、流传着、观赏着。

他的绘画生涯，就这样作为雕花木匠的一个副业，正式开始了。

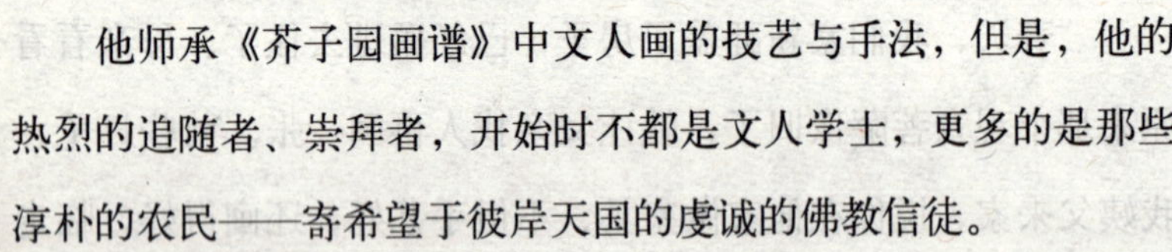

他师承《芥子园画谱》中文人画的技艺与手法，但是，他的热烈的追随者、崇拜者，开始时不都是文人学士，更多的是那些淳朴的农民——寄希望于彼岸天国的虔诚的佛教信徒。

齐白石从最初的画雷公爷，到26岁时为乡亲们大批地画神像，正是他在绚丽多姿的绘画生涯中迈出的重要一步。

找他画画的人越来越多。有的自己拿纸来，有的给酬金。

请雕花的，请绘画的，人来人往，络绎不绝，给这个破旧的、宁静的农家小屋，平添了热闹欢乐的气氛。

十三　名师肖芗陔

昨夜为了赶画一幅佛像，阿芝睡得很迟。一觉醒来，已是红日中天，灿烂的阳光透过婆娑树叶，斑斓地照射在窗前桌面上的画稿上，把那佛像照得五彩缤纷。

他赶紧跳下床，连续不断的日间细木雕花，夜间画佛像，使他感到疲倦。眼球上还充满血丝，脸庞也有些浮肿，不过，他自我感觉比前几天好多了。

找他画画的人越来越多，似乎有取代找他雕花的趋势。

今天这幅画，是齐公甫托三弟齐纯藻带口信来要求画的。

公甫的叔叔齐铁珊约了十几个朋友在寺观里读书，纯藻为这些读书的公子们做饭，干些零活。

阿芝洗过脸，把佛像挂了起来，细细地端详着。

这是一幅阿弥陀佛像。高高的螺髻，两眉之间的白亮相，虽然有夸张、神秘之处，但却有鲜明的世俗化风格，脱去了古代神像神秘的色彩。在他的眼里，神不过是披上了袈裟的人。因此他画佛像时，总是借着佛的形象，表现出世间人的神态。

他最初的美学追求，是对于尘世蓬勃生命力的讴歌与向往，这往往能在他绘出的神像中，找到一些痕迹。对于这一点，他心里是清楚的，他不相信有佛陀的彼岸，但他没有点破。对于乡亲们愁苦的面容，寄托来生的善良愿望，他是同情的，何必去点破呢？他想，梦应该是圆的，甜美的。苦难与欢乐，今生与来世，此岸与彼岸，佛是那时穷苦的人们沟通两者之间的桥梁，不然，何以解释有这么多人找他画神像呢？

他亲眼看见，许多乡亲穷困潦倒，揭不开锅，依然从牙缝儿里挤出几个钱，找他画神像，用来顶礼膜拜。他一见那虔诚、木讷的面容，心就颤动。他满足他们的要求，从不收取报酬。他不敢收，那是淌着汗和血的钱，只有像他这样从小历经磨难的人，才能体验得到。

他不好去点破，因为欢乐的天国，是穷苦人家唯一的烛光。这烛火虽然微弱、虚幻，却是他们的精神支柱。

这里去寺观，有七八里路。他走着，想着，赶到观里，已经将近中午了，纯藻老远看见哥哥来了，跨出门，飞也似的跑下山来。

他接过哥哥手中的画，边问边打开："画好了？"

"画好了。到观里再看，免得弄坏了。"他笑了笑，"习惯吗？他们待你怎么样？"

"挺好的。他们看我年小，把我当小弟弟。他们知道我哥哥是艺术匠，会画画。"

阿芝很高兴，不等纯藻说完，插话问："铁珊叔呢？"

“他在观里，天天和朋友们谈论你，说你聪明，画得好，就是家里穷，念不起书，不然，念了书，去应考，一定能得到功名，为齐家光宗耀祖。”

说着，他们进了观。到东厢临近厨房的纯藻屋里，刚落座，铁珊、公甫带着一群朋友来了。

“我猜你今天一定来。”铁珊拉着他的手，坐在自己身边，高兴地像见了久别重逢的朋友，“我一直等着你。”

“你等他，不就是为了那张画。”公甫顽皮地奚落他。

阿芝连忙把手里的画递给了铁珊。

“画带来了，你看看。不行，再画。你替谁要的？”

“替谁？”公甫神秘地看了铁珊一下，“我未来的婶母呗！”铁珊涨红了脸，不好意思地瞪了公甫一眼，见铁珊被窘得这个样子，大家哈哈大笑。

“就算是吧！”铁珊见大家笑了，自己也笑了。为了给自己打圆场，又一本正经地问阿芝，“近来忙吧？”

“反正没闲着。求画的人太多，忙不过来。主要是画神像，有时也画画虫草、山水。”

“那现在给我们画一幅看看，如何？”他们中间一个穿洁白衫子的小圆脸提议，大家立即爆发出一阵叫好声、赞同声。

阿芝被大家友好、热烈的情谊所感动，爽快地答应了。

“好！好！画什么呢？”

他话音未落，大家七嘴八舌地议论开了。有的说画山水好，有的说画人物，有的则希望画鱼、虾……

“我看，画幅长卷的兰竹图吧！”一直沉默着的铁珊说了句。

“不好，不好，”一个高声反对说，“不如画个仕女呢！我们这个道观里，尽是和尚，也够寂寞的。画个女的，热闹热闹，怎么样？”

大家轰的一笑，又七嘴八舌地争论开了。

“这样吧，众口难调，画什么都不行。阿芝不可能什么都画。”铁珊以权威的口吻说，“我们抓阄儿，谁抓上了，就听谁的。”

说着，他取过一张纸，裁成一张张小片，然后在其中一片上写了个“花”字，举了起来：“谁抓到这一张，就按谁的主意办。”说完，他迅速地把小纸片卷成一个小团团。

大家争先恐后地抓，紧张地打开看，都希望能抓到那个“花”字。

“我抓到了，你们看！”公甫得意地叫着，高兴地举了起来。

“那你说吧！”铁珊看了公甫一眼。

公甫这回要讨好铁珊了。他理解铁珊的用意。因为他常常听铁珊说阿芝的工笔人物画，已经达到了一定的水平，有“芝美人”之称。今天一定想看看阿芝的花卉草虫如何了，他便连忙抢着说：“画兰竹，如何？阿芝！”

铁珊泛起了得意的微笑，点了点头。大家也一齐表示赞同。

“遵命！”阿芝谦恭地说，“诸位这样抬举我，我一定效劳，一定效劳。”

大家一齐动手，将屋里的两张长条桌合拢到一起。铺宣纸的，备笔的，磨墨的，忙个不停。一切准备停当，阿芝走到案前，挽起袖子，胸有成竹地调墨、起笔、落画。只见他在纸的左下方，向左上方、右上方运腕撇叶，挥洒自如，几下几上，一丛春兰跃然纸上，那片片兰叶，偃仰自如，纵横交错，折垂取势，像临风笑迎，显出一派春意。

围观的学生发出一片啧啧的赞美声。铁珊、公甫更是惊讶，想不到芝木匠还有这一招，他的功力竟然达到了如此地步。

阿芝画好了兰叶，放下笔，看了一眼大家，又提笔在右边的空白处，画了一个飘然欲飞的仕女，脚下踩着几个嶙峋怪石，像是阳春三月，在郊野踏青。整个画面结构严谨、洗练，情趣无穷。

他勾勒了最后一块石头，把笔一放，笑着向大家深深一躬：“请诸位兄长海涵了。”

大家热烈地鼓起掌来，称赞阿芝的神笔。

可能是由于运神走笔和内心的兴奋，他脸上泛起了红晕，显得更加英气勃勃，容光焕发。

铁珊为朋友的进步而喜悦。在这欢乐的、热闹的气氛中，为阿芝，也为朋友们这难得的相聚，他高声地提议：“人生飘忽，盛景难永。我今天请客了。大家同阿芝畅饮一杯，感谢他为我们作画。如何?”

“好！”大家叫了起来。

几个朋友去帮纯藻做菜烧饭，公甫、铁珊拉着阿芝到他们的房间里。

过了一阵子，酒、菜陆续地端了上来。虽然没有山珍海味，却也十分丰盛。花生米、炒鸡蛋、腊肉、腊鱼，都不是轻易能弄到的，是大家分别从自己的小库存里拿出来的。

十多个人，围成了一桌。正面的墙上，挂着阿芝那张《兰花仕女图》。大家举起酒杯，互相祝愿、干杯，屋里充满了欢快的气氛。

铁珊把杯子举到阿芝面前，敬了一杯，然后说：“肖芗陔快要到我哥哥伯常家里来画像了，我建议你向他拜师。画人像，比画神像好。”

这位肖芗陔，名传鑫，号一拙子，住在离白石铺一百多里的朱亭花钿。阿芝早就听说过他，但是一直没见过面。

“他是湘潭画像的第一名手，对于人物肖像画，功力很深，他画的人物像逼真，栩栩如生。”齐铁珊说。“不但有钱人家常常请他画像，就是一般人家，积蓄了钱，也请他到家里来，为老人画个像，留作纪念。”

公甫未等他叔叔介绍完，抢着说：

“他原是纸扎匠出身，家里十分清苦，上不起学，就自己发愤用功，把四书五经读个烂熟，唐诗、宋词、元曲、小令，不但能朗朗上口，而且自己也会写，会填。有不少写得还很不错。至于画嘛，那是我们这一带的名手。人物当然是他的拿手好戏，他还会山水、花卉，是个多才多艺的人。”

阿芝静心地听着他们叔侄的介绍，对肖芗陔有了更多的了解。对他能在贫寒凄苦之中搏击不息，终于成为绘画高手，十分钦佩，很想见到他。

“公甫能引见一面，当然是一件大好事，”阿芝说，“不知他什么时候到？”

“快了，快了。”公甫说。“清明前，他画好我祖父的像，因为家里有事，赶回去了。原来说住几天就来，谁知又被道台老爷接走了，一住好几个月，教他们的小孩学画画。最近他来信说，过几天就来，要接着给我祖母画像。这样吧，他一来，我就通知你。”

这次聚会后的第四天傍晚，纯藻带着公甫，急急忙忙赶到家里来。公甫满身大汗，一进门，就急切地问：“阿芝呢？阿芝在哪里？”

春君见是公甫，急忙放下手里的衣服，招呼他坐下，转身进了后屋。不一会儿，阿芝随着春君来了。

公甫一见阿芝，高兴地叫了起来：“来了，来了，你快去会会。”

阿芝知道他说的是肖芗陔来了，喜出望外，高兴地问：“他准备住多少日子？”

“半个月，十来天。我同他谈了。他也很想见到你。当时提你的名字，他说不知道。后来我说就是芝木匠，他笑了起来，说：‘听说过，听说过，他的雕花手艺比周之美还高。’”

“好吧，过几天，我就去，你不必来了。”

“一言为定，千万不要错过机会。”公甫站起来，“那我走了，完成任务了。”

阿芝吃完晚饭，就动手作画，他想多带些作品去见肖芗陔。观音大士、释迦牟尼，他画熟了，觉得没有多少新意，他想画一幅李铁拐。“八仙过海”的故事，李铁拐的传说，他早就听说过。他记得大约是16岁左右的时候，乡里来了一个戏班，演过《八仙过海》，张果老、吕洞宾、何仙姑、曹国舅……他都从戏里见到了，他独独喜爱李铁拐。

第一次的印象是难以磨灭的。虽然后来他看过很多民间流传的李铁拐的画像，总感到不像。他总拿这些画同那次舞台上的形象相比，总觉得不如舞台上那个李铁拐生动、幽默、可爱，今天他决心把李铁拐画出来。

铁珊和公甫前天晚上就从寺观回到了家，等候阿芝来拜见肖芗陔。

早饭过后不久，铁珊、公甫领着阿芝来到肖芗陔的画室。阿芝一见肖芗陔，上前一步，深深一鞠躬：“晚生齐纯芝拜见先生！”

肖芗陔赶紧还礼，喜笑颜开地说：“久闻大名，今日得见，三生有幸。”

公甫招呼大家坐下，肖芗陔面朝南，与阿芝相向而坐。铁珊、公甫在右边陪坐。

“今年多大岁数了？”肖芗陔慈祥地问。

“27岁了。”阿芝回答说。

“学了几年画了？”

公甫笑着赶紧插嘴说：“他啊，早在枫林亭蒙馆时，就画上了。那时几岁？”他问阿芝。阿芝不好意思地回答道：“7岁。”

“他画的第一张是雷公爷爷。”公甫说。

“那算不上画，只是喜欢。”阿芝辩解说，“从小就喜欢，后来就一发不可收拾了，一直画到现在，画的很不好。”

肖芗陔仔细地听着，不时点点头，“兴趣是第一重要的。我也从小时就喜欢画画。”

阿芝的话，唤起了他对童年的回忆，不由有些激动。公甫看出他是用自己比阿芝，说明自己的成就，最早源于兴趣。这是对阿芝的鼓励。他用眼色示意阿芝把带来的画拿出来。

阿芝马上把画双手送到肖芗陔的手里：

“这是我听说先生来了，特意赶画的，送请先生指教。”

“不敢，不敢。”肖芗陔接过画，走到画案前，把画平展在案面上。公甫、铁珊、阿芝也跟着过来。

肖芗陔的双眼发出炯炯光芒，在画上不住地上下看着，一言不发。

阿芝静静地等待着。铁珊和公甫，相互交换着眼色，偷偷地察看肖芗陔的表情，迫不及待地企图从他的表情中，捕捉他的内心思维，获悉他对阿芝的印象。

片刻后，只见肖芗陔神采飞扬，先是颔首微笑，继而乐哈哈地用右手抚摸着胸前的花白长须。这是他高兴时的习惯动作。每当他有了得意之作，他就以这种特有的表达情感的方式，显示自己的喜悦与欢快。

“画得不错，有功力，”他终于开口了，“尤其是这平阶梯形的云皱，从上到下，这地方飘动挺拔，到这里又粗犷豪放，信手挥洒，一气呵成。起笔、运笔、拔笔都见功力。”他比划着，叙说自己的看法。

“不过嘛——”他把“嘛”字拉得很长，好像是在选择词汇来贴切地表达自己的意思，“这脸部肖像有点一反传统的画法，你是怎样画的？”他侧身望着阿芝。

“我是根据自己的想象画的。小时候我看过八仙过海的戏，留下了很深的印象。这画就是根据那时的印象画的。”阿芝回答说。

“你见过《八仙图》吗？”肖芗陔问了一句，又解释说，“那是唐人的画。唐代结束了佛教几乎压倒一切的局面，出现了儒、佛、道三教合一的情形，所以‘变经画’很盛行，把经文上的传说，画成壁画，阎立本、吴道子都画过。不过，《八仙图》是不是他们画的，就不清楚了。我见过那图。可是，我怀疑是后代的临摹，不知出自谁的手笔。不管怎样，他们所表现的，不同于你这一幅。”

他们静静地听着，感到先生讲得很新奇。阿芝没有说话，他似乎在思索着什么。

十四　恩师胡沁园

“先生，是不是李铁拐只能画成那样？可是，谁也没见过他啊？”阿芝思索了一下，问道。

“说得好！神仙，谁见过？不过是人想象出来的。”肖芗陔对这个年轻人的大胆提问很感兴趣。因为他的画与话，对于传统，隐隐地提出了一些挑战，这使他很高兴。元人认为：“长于形似，短于命意”的绘画，谈不上有高超的艺术修养。面前的年轻人，似有冲破窠臼的趋向。

铁珊、公甫也觉察出肖芗陔的喜悦之情。

“先生，你能否收纯芝做你的门人？”公甫顺水推舟，看着肖芗陔。

阿芝一听，赶忙站了起来，恭谨谦顺地接着公甫的话说：

“但愿先生不弃，学生仰慕已久了。”

肖芗陔笑哈哈地说：

“过奖，过奖。天下名师林立，我一介布衣，哪能收你这样的高足为门生？如不嫌弃，算是我三生有幸了。”

铁珊、公甫高兴地跳了起来：

“那就举行拜师礼吧！”说着，他指指肖芗陔背后的孔圣人牌位说：“就在孔夫子面前拜师吧！”

“不慌，不慌！”肖芗陔直摇手，“读书人的先圣孔丘，木匠的祖师鲁班，而画苑的鼻祖却是吴道子。”他挽起了袖子，走到画案前说，“待老朽画幅吴道子，挂起来，再行拜师仪式，如何？”

阿芝兴奋地说：“先生如此厚意，弟子将来定当重报。”

“报不报，无所谓。只要能为画苑增添新的光彩，就是最好的报答。”肖芗陔说着，展纸、提笔。只见他看了一下纸，便胸有成竹地在纸上运笔，简洁的几个曲线勾勒，纸上出现了一个栩栩如生的头部。接着，几笔飘动的线条挥洒，人物的身体、衣服出来了。他放下笔，左右看了一下，又提笔在头发上加了几点，然后嘱咐公甫将画挂在北面的墙上。

这就是吴道子，肖芗陔心中的画圣。拜师仪式就这样开始了。

齐伯常知道肖芗陔收了阿芝为门生，认为是齐家的大喜事，特在前厅排下宴席，款待他们。

伯常异常高兴，开怀痛饮，话也多了起来。他侧过身子，神秘地附着肖芗陔的耳朵说：“你收徒弟，不怕将来人家夺了你的饭碗？”说毕，笑得前俯后仰。

肖芗陔一听，也哈哈大笑：

“青出于蓝而胜于蓝，自古而然。哪有怕丢饭碗之理？丢了，就找你要饭吃。”大家发出一阵欢笑。

他接着说：“不过，话又说回来。绘画就怕拘古，守着老祖宗的衣钵，没有创新，那就灭绝了生气。”他看了阿芝一眼，“八大山人的山水蜕变于董其昌，髡残是元代吴元望、王蒙风格的演化。通济虽然没有脱离元人的笔墨境界，但有自己的个性。”

“那是，那是。”齐伯常赞许地点点头，深有感触地对阿芝说：“先生这些至理名言，你要好好记住才好。”

饭后，阿芝到了肖芗陔住室，肖芗陔从行箧里取出一卷画稿说：

“这是我平时临元人、宋人、明人的墨迹，你拿去看看。我一直珍藏，从不示人，你是例外了。”他沉吟了一下，又问：“你见过文少可吗？”

“没有。不过早就听说他的大名。”

“那好。他是我的莫逆之交。画像的功力不在我之下。什么时候，我约个日子，到他家去会会。”

半年以来，肖、文两人对阿芝十分器重，把自己历年珍藏的许多名家如马远、吴镇、方方壶、徐青藤、石涛等人的摹写本都给阿芝学习。阿芝第一次见到这许许多多绚丽多姿的画本。他白天做木工，晚上就躲到室内，潜心临摹。

肖芗陔知道阿芝学画的时间不短，但是未得到行家的指点，

对于绘画的基础知识，知道得很少，就从画笔的选择与使用、墨与颜料的调制和性能等讲起。肖芗陔讲得最多的是人物画要传神的问题。他对于东晋著名画家顾恺之提出的“以形写神”的看法，崇拜得五体投地。

一天，看过顾恺之《洛神赋图卷》之后，时间还早，肖芗陔兴趣正浓。他拉着阿芝坐下后，问：“你看过郭若虚的《图书见闻志》吗？”

阿芝摇摇头。

肖芗陔说：“这本书里讲了这样一个有趣的故事。唐朝郭子仪的女婿赵纵，分别请当时著名的画家韩干——知道韩干吗？”

阿芝点点头：“他画马画得最好，是吗？”

“对！”肖芗陔接着说：“还有周昉，也是一个有名的画家，他们俩人给自己画像。后来，郭子仪的女儿回来了，郭就把两幅画像拿出来问女儿，这是谁？女儿说：‘赵郎也。’又问她哪一幅最像？她说：‘两画皆似，后画尤佳。前画（韩干画的），空得赵郎状貌；后画（周昉画的），兼移其神气，得赵郎性情笑言之姿’。这就是以形写神的问题。可见一个好画家，不仅要求形貌逼真，主要的要达到内在精神的酷似。”

“那怎样才能做到内在精神的酷似？”阿芝问。

肖芗陔说：

“这个问题很复杂，除了技法功力，也就是艺术的表现手段外，细微地观察对象，善于捕捉事物的主要特征，是十分重要的。”

阿芝不住地点着头，一一默记在心。自从拜肖先生为师之后，他才深深地感到，自己过去十多年，只是学了些皮毛。中国绘画的深厚艺术传统，今天才算接触到了一些。夜阑人静，临摹几卷后，他常常默默地坐着，思索着肖芗陔的话，回顾自己走过的道路，他感到现在心里明亮多了，开阔多了。

清明过后，他挑着工具箱到赖家垅，继续去年年底尚未完成的木工活。白天干活，晚上回不了家，就住在赖家为他准备的东厢一间屋里。这里有宽大的桌子，有灯。所以，晚饭后，他就取出笔墨纸砚，按照肖芗陔的指教，伏案作画，直至深夜。天长日久，主人家见他屋里常常半夜明灯不息，不知他在干什么，有些纳闷。

一天深夜，女主人悄悄来到窗前，透过小孔，看到阿芝在潜心作画，很是惊讶。她想不到这个小小年纪的木匠，竟会画画，而且画得这么专心。第二天，等阿芝干活去了，她拉着丈夫来到阿芝房间里，在枕头边发现了阿芝的画稿。有人物，有山水，工整细致，十分精美。

赖家主人赞叹地说：“想不到他还有这么一手。过去听说他多少会画些，不过画得这么好，没想到。”

“那你就请他画一两幅吧！”女主人恳求地看着丈夫，“反正要付些钱。”

“试试看，同他谈谈。”

没过几天，细匠花雕得好，画更画得好的消息首先在全村的妇女中间传开了。于是来赖家求画的客人，络绎不绝。

一天，女主人对丈夫说：“请寿三爷画个帐檐，要等上一年半载，还不知什么时候画成，我们把竹布取回来，请芝师傅给画算了。”

阿芝一旁听着，觉得这“寿三爷”的名字很熟，好像是杏子坞马迪轩的连襟，姓胡，但没有会过。

早饭后，阿芝正在后院干活，赖家主人急急忙忙跑来找他。

“寿三爷来了，他很想见见你，你快去吧。”

阿芝放下活儿，回到屋里换了件衣服，跟着主人来到客厅。只见正面的一张八仙桌左边，端坐着一位五十多岁，穿长衫戴礼帽的人。他知道这一定是寿三爷，没等主人介绍，他一步上前，行了个礼，喊了一声：“三相公，请受礼。”

寿三爷赶忙站起来还礼，谦恭地说：

“不必客气。你的邻居马家是我的亲戚，都不是外人。我常到杏子坞去，村里的人都称赞你，只是你经常在外干活，没有会过，今天在这里见了，算是我们有缘分。”

阿芝站在那里，静静地听着。

寿三爷拉着他在自己身边坐下，接着说：“你的画，我也看过了，大有造就。”又问，“家里有什么人？”

阿芝一一做了回答。

“读过书吗？”

“跟外公只读了半年，家贫，上不起，不读了。”

“你外公是谁？周雨若？”

“是的，”阿芝说。“后来，就自己学，一直没停过。”

“现在还愿不愿意读读书、学学画？”寿三爷探问。

“愿意倒是愿意，就是家里穷，没有办法。”说着，阿芝的脸上蒙上了一层薄薄的愁云。

“那怕什么？只要有志气，一面读书学画，一面卖画养家，也能对付过去。”寿三爷宽慰着阿芝，“这样吧，你假如愿意的话，等这里活儿完了，就到我家里来谈谈。”

阿芝异常兴奋。“一面读书学画，一面卖画养家”，这是多好的一条道路。他怀着十分感激的心情，向寿三爷深深一躬，真有点“相见恨晚”的感觉。

这次意外的会见，给了阿芝一个新的转机。他当时做梦也没有想到，这对于他以后的人生道路、艺术生涯，会有如此深远的影响。

他跑回家，兴奋地把这一切，原原本本地告诉了家里。父亲、母亲知道他对于绘画艺术的追求已经到了如痴如狂的地步。寿三爷这样器重他，说明他的技艺已经达到了一定的水平。于是，全家人都同意，都支持。

小住了三天，春君为他准备了几件换洗的衣服，他自己精心挑选了几张画，背着文房四宝，踏上了去竹冲韶塘寿三爷家的路。

寿三爷，本名胡自倬，号沁园，又号汉槎。出生在一个书香世家。少年时代，他受过严格的、系统的中国传统文化的教育，书、诗、琴、画，都打下了深厚的基础。

他先祖原想他长大后，能登科及第，为国效命。谁知道，他长大后，清王朝国势江河日下，腐败不堪。他痛心疾首，绝了科第的念头，过起了以诗画排遣消闲的隐居生活，集中全力于绘画艺术。

竹冲韶塘这地方幽静、雅致。沁园把这里的一间书房起名为“藕花吟馆”，时常邀请朋友，在这里聚会，吟诗论画。

他生性任侠、豪爽，很有风雅，素喜交友，所以这里常常高朋满座。家势到他这里虽不十分殷富，但他依然不惜重金搜索名家字画。

他工汉隶，工笔的花鸟草虫也很拿手，诗也写得很是清丽别致。

阿芝的画，他早就看到过。一个木匠能画出这样的画，也难能可贵。几次去杏子坞，想会会阿芝，可惜阿芝不是刚走，就是未回，一直未能谋面。谁知上一次在赖家意外地会见了，他十分高兴。

今天是他们定期的诗友会，也是阿芝要来拜访他的日子。他之所以约定阿芝今天来，就是想让他会会自己的诗友。

这天一早，诗友们了陆续来了。相别多日，大家一见面，互相问候着，谈笑着，欢声满堂，沁园没料到今天会来这么多人，眼看屋里坐不下了，便嘱咐家人，搬到后花园去，多设椅凳。然后带着诗友，徐徐向后花园走去。他知道阿芝还没有到，便悄声告诉门人：“有一个芝木匠齐纯芝来了，你马上通报一下，不得怠慢。”

阿芝因为打听胡沁园的家，走了不少弯路，后来是一个小孩儿把他带到了这里。

“纯芝来了啊，欢迎，欢迎。”胡沁园说着，站到了阿芝的面前。

阿芝深深一躬，内疚地说：“学生来迟了，走错了路。”

“一回生，二回熟，没关系。大家都在后花园等你呢，走！”他拉着阿芝的手，朝后花园走去。

后花园虽然不大，却也精巧雅致。一处假山，天然成趣，坐落在宽大的池中。池里的荷花盛开着，发出阵阵幽香。四周植着许多斑竹，这就是有名的湘妃竹。

园中央摆了三张圆桌，成三角对峙之势。园内坐满了人，大家品着茶，吃着糕点，交头接耳，谈论不绝。

沁园拉着阿芝，站在自己的座位旁，扫了全场一眼，介绍说，“诸位，我给大家介绍一下，这位就是白石铺百里闻名的芝木匠、齐纯芝师傅，他不但会雕花，手艺高超，还是一位不为世人知晓的绘画能手，今天参加这个盛会，我们又多了一位朋友。”

他说得神采飞扬，十分得意，说完朝阿芝微微一笑。阿芝向大家深深的一躬，英俊、白净的脸上泛起了红晕。大家热烈地鼓起掌来。

胡沁园让阿芝坐在自己的身边。阿芝第一次见到这么多文人学士聚集在一起，第一次见到这么大的场面，不免有点拘束，但沁园的奖赏，诗友们亲切的目光，又给了他很大的鼓舞与力量。

对诗开始了，大家念着自己的得意之作，五言七言，绝句律诗，各种诗体都有，勾起了阿芝对枫林亭蒙馆那段短暂的、美好的生活的回忆。园中欢乐的声音，又把他从往昔的回忆中召唤了回来。

沁园余兴未尽，回到了自己的座位上，弯下身子，悄声地问：“盛况难在，你能否画幅画，助助兴？”

阿芝吃了一惊，愕然地望着沁园：“高士林立，我哪敢班门弄斧？”

沁园笑着，亲切地鼓励他：

“不要紧，都是自己人。学习上要互相切磋，你不妨试试。刚才好多人就提这个建议。要胆大，动手，一切画具都准备好了。”他期待的目光始终没离开阿芝的脸。

阿芝沉思了一下，说：“那就试试吧，借此求教于老师们了。”

阿芝站了起来，向沁园行了礼：“学生遵命了。”说完，走到面案前，提起笔，上下左右看了两下宣纸，便在纸的左下边，很快勾勒了。枝枝干干，苍老、峥嵘、换了一支笔，蘸着饱满的朱红，轻重不一地在枝枝干干上点画了起来。几分钟后，一枝傲霜斗雪的腊梅，卓然出现在宣纸上。

这时的阿芝，只顾凝神走笔，忘记了周围的一切。接着又在画面的中幅，用淡淡的墨水，勾勒出一带寒江，江畔仅有孤舟，岸上无一行人。

沁园仔细地看着，暗暗地思忖，这位青年人，意境如此开阔，若有名师指点，一定会如破土的春笋。他这傲霜斗雪的腊梅，不正是表达了他的理想与追求，既是向人间报春，又是呼唤着他自己的艺术春天到来吗？

沁园后悔自己结识纯芝太晚了，但又庆幸自己终于结识了他，而且有这个难得的机会，看看他的创作。

阿芝放下了笔，涨红了脸，向沁园和大家又鞠了一躬，退到后面去了。

沁园把画高高地举起，人群中又响起了一阵热烈的掌声。

“画得不错。”沁园高兴地点点头，“意境高，有韵致。”

“沁园兄，你何不题上一款，以作纪念？”有人提议说。

“说得有理。”胡沁园将画放在案上，笑吟吟地提起了笔，沉思了一下，便在左上面写了起来：

藕池相聚难逢时，

丹青挥洒抒胸臆。

寄意腊梅传春讯，

定叫画苑古今寄。

齐纯芝作画，胡沁园题

写毕，他把笔一扔，问：“如何？”

大家又报以一阵热烈的掌声。

十五　白石山人

午饭后，胡沁园给阿芝介绍了他家里延聘的老夫子陈少蕃，他是上田冲人，湘潭名士。

沁园指着少蕃说：“纯芝，你如果愿意读书，就拜在陈老夫子的门下。他是我们湘潭的饱学之士，满腹经纶。”

阿芝忙说：“承蒙二位恩师不弃，父母也是愿意叫我听三相公的话，只是家里穷，……”

话未说完，胡沁园拦住说：“我跟你说过，卖画养家，你的画，可以卖出钱来，别担忧。”

“只怕我岁数大了……”阿芝已经27岁了，快到而立之年，想到这里，他未免又有踌躇。

沁园一听，笑了：“你不是读过《三字经》吗？‘苏老泉，二十七，始发愤，读书籍’，你今年27岁，何不学学苏老泉？”

陈少蕃点点头，接着沁园的话说：

“贾岛写过一首诗，叫《延康诗》。诗中写道：‘寄居延寿里，为与延康邻！不爱延康里，爱此里中人。人非十年故，人非九族亲。人有不朽语，得之烟山春。’这‘里中人’是谁？”

他看了阿芝一眼，接着说："就是著名诗人张籍。张籍的家境十分贫苦，但是，他肯在困厄之中学习，成了名显一时的诗人。韩愈、白居易都推崇他的诗文。韩愈说他'龙文百斛鼎，笔力可烛红。'白居易称赞他'尤工乐府诗，举代少其伦。'他一生不断追求不断碰壁，但至死不折。"

"这样的人，在历史上何止张籍？"胡沁园长长地叹了一声。

"你要读书，家里困难是实在的，我还能收你的学俸钱？"陈少蕃恳切地说。

阿芝为两位师长的深情厚谊所感动了。

"既然先生这样提携我，器重我，我就遵命了。"

胡、陈二位一听，开怀大笑起来。

这一夜，阿芝就住在胡家。夜深人静，他久久不能入眠。27岁了，自己走过了一段多么曲折、艰辛而漫长的学画道路。胡沁园与自己素昧平生，却一见如故，倾力相助，这使他镂骨铭心，永远难以忘怀。

三天后，他回家取了衣服、日用品，搬到胡沁园家住下了，开始了崭新的读书、学画生活。

胡沁园在与阿芝的接触中，感到这孩子不但聪敏、好学，而且性格刚毅、正直、不媚、不阿，落落大方。他们之间的社会地位相去很远。胡家是远近闻名的书香世家，深宅大院，气宇轩昂，一般的人是不便也不好进来的。他之所以决定收阿芝为门生，除了看出阿芝才力过人，还深被阿芝刚直不阿的品格所感动。但是，他也有些担心，怕家人偶尔有不周之处，而伤害他的自尊心。所以，他对于阿芝的学习、生活起居，都亲自做了周详的安排。他特别关照家里几个子侄和家人，不能对阿芝有任何怠慢、冷落的表现。

他将正房西边一间原为二公子读书的房子腾了出来，打扫得干干净净，给阿芝住，将二公子安排在其他的地方。一切能够想到的，他都安排停当了。

晚饭后很久，天已经漆黑了。胡沁园转过后花园，到西南角的一个翠竹掩映的去处，只见室内还亮着灯。这是陈少蕃老夫子的住处。他原先住在前院正房的东头，住了一段，嫌那里不安静；胡家客人又多，时常要去应酬应酬，浪费许多时光，于是就搬到这个僻静的地方来了。

胡沁园轻轻地叩了三下门，陈少蕃开门一看，见是胡沁园，有点惊讶。因为半年多来，白天，沁园到这里坐坐，谈诗论画，是常事，夤夜造访，还是第一次。他不知沁园有什么急事。

他将自己的座位让给了胡沁园，自己拉过一把椅子，对着胡沁园，坐了下来。“沁园兄这么晚，有什么事？”陈夫子满腹狐疑。

胡沁园微微一笑：“纯芝已经来了，明天要授课，按照老习惯，是否要给他取个号？”

“需要。”陈老夫子回答说，一边在心里赞叹沁园想得周到。“不过叫什么名字？”

胡沁园沉思了一下，试探地说：“是不是取璜字，王旁，黄。”

“好，半璧形的玉，有意思。”陈老夫子赞同地点点头：“号什么？濒生如何？”

“不错！”胡沁园叫了起来：“湘江之滨生长。湘江的儿女，好。”

他沉吟了一下，又说：“画画恐怕还要个别号，历代都这样，雅致而有风趣。叫‘白石山人’吧，他家离白石铺很近。”

陈少蕃高兴地点了一下头。胡沁园对这样一个贫苦孩子的慷慨仗义、一往情深、刻意扶持的崇高美德令他深深感动。同时，也为阿芝能遇到这样的恩师而庆幸。从见到阿芝之时起，他自己也暗下决心，要不遗余力地尽到为师的责任，教好阿芝。

第二天，吃过早饭，阿芝梳理整齐，带着《唐诗三百首》，踏着轻快的步伐，来到陈少蕃的住房，开始了新的学习生活。

跨进门来，只见胡沁园、陈少蕃早已端坐在北边向南的座位上朝他微笑着。

他心情异常激动，觉得心跳得很厉害。他努力平静了一下，向两位师长深深一躬，请了早安，站在一旁。

胡沁园今天心情特别好，换了一件他平时接客时的深蓝色隐花长衫。他看了一下陈少蕃，对阿芝说：“昨晚同陈老夫子商量了一下，我们想给你起个名号，单名叫‘璜’，号‘濒生’，别号‘白石山人’，你看如何？”接着，他简要介绍了名号的含义。

阿芝一听这雅致的名号，十分高兴，不住地点头称好。

近现代史上蜚声中外画苑的一代宗师的姓名——齐白石，就是这样诞生的。这名字伴随着他一生辉煌的绘画生涯，越过国界，传遍五洲四海。以至于到现在，“齐纯芝”的姓名几乎不为人所知晓，而“齐白石”三字，却与光辉灿烂的中国绘画艺术联系在一起，名震中外。

正是考虑到这种种缘由，本书也就从这里开始，正式用齐白石的名字，继续书写他光辉的一生。

胡沁园满意地点了点头：“今天由陈夫子授课。具体的，他会同你谈。”他站了起来，对陈少蕃说：“我失陪了。长沙谭君今日来家，我去应酬一下，这里你做主了。”说着，抬脚跨出门去。

陈少蕃送走胡沁园，在白石的对面位子上坐了下来，说：“从今天起，开始阅读《唐诗三百首》。这是乾隆年间蘅塘退士编的。有不少脍炙人口的名篇。唐代的几位大家，如李、杜、王维、白居易、骆宾王等，都有佳作在内。读完这本书，再攻《全唐诗》。先要熟读，能流畅地背诵，再通字义、得要旨。”他仰起了头，看着天花板，“我每五天给你讲一次，主要是五言、七言绝句律诗的特点和格律方面的知识，然后慢慢学做诗。”

白石开始攻唐诗。由于小时候读过《千家诗》，有一定的基础，而且不少的诗，他早就会读、会背了，所以这次读唐诗，就不那么费劲。不过要真正体味诗中的意境、情趣、寓意，了解它的创作背景、典故的出处等等，可就不容易了。

每天早晨天刚亮，他就悄悄来到花园池边的柳荫下，轻轻地诵读诗句。这是一天里脑子最清醒的时刻。早饭后到下午，他回到屋里，就默写诗句，并练习写字。晚间作画到深夜。天天如此，月月如此。

两个月过去了，陈少蕃向胡沁园私下介绍白石学习很好，胡沁园十分高兴。今天有点空，他决定亲自检查一下白石的学习，方法就是抽查背诵唐诗。

白石把书轻轻地放在桌上，站在两位老师的面前。陈少蕃示意他坐下，问："唐诗背了几首？"

"都会背了。"白石胸有成竹地回答道。

陈夫子微微一震，说："那你随便背两首。"

白石机灵地转动了一下眸子，顺口背出了韩愈的《山石》、柳宗元的《渔翁》和孟郊的《游子吟》。那清亮的吐字，抑扬顿挫的声调，饱含着感情色彩的表达，感动了两位老师。

两人交换了一下眼色，陈少蕃说："背一下白居易的《长恨歌》。"

白石流畅地，感情浓烈地背了下来。

胡沁园很满意，站起来，亲自取过紫砂壶，倒了一杯芳香四溢的茶，递给白石："润润喉，再背一首《自夏口至鹦鹉洲夕望岳阳寄元中丞》。”

白石接过茶杯，一饮而尽，接着朗朗地背了下来。

陈少蕃听罢，随口吟出：“明月出天山，苍茫云海间。”

“长风几万里，吹度玉门关。”白石接上来，一口气背了出来。

“这是谁的作品？”胡沁园问。

“李白的《关山月》，《关山月》是乐府中《横吹曲》名。”

白石话音刚落，胡沁园又朗诵上了：“故园东望路漫漫，双袖龙钟泪不干。”

“马上相逢无纸笔，凭君传语报平安。”白石一念完，接着说：“这是岑参的《逢入京使》。”

胡沁园高兴得大笑起来，连连称赞他学得好，陈老夫子教得好。

陈少蕃也暗暗吃惊，这白石真是名不虚传。过去只是听沁园夸他，还半信半疑，今天看来，一点不假。他佩服胡沁园的眼力、白石的才气，深有感触地说：“你的天分，真了不起。从今天起，除唐诗要天天读外，还要加课程——读《孟子》。这是先秦的作品，离现在生活远，古字多，多歧义，但其中蕴涵的思想内容是深厚的。”

白石不住地点头。《孟子》他儿时看过，大多数还能背，不过许多内容不甚了了，弄通它，是他多年来的愿望，陈夫子的安排，正合他的心意。

“有了一定基础，是否传授些格律知识，教他慢慢做诗。”胡沁园说，“他的画有功底，就是缺乏思想容量。不懂诗，不会写诗，终究是画不好的，你看呢？”

“陈老师在教我读唐诗时，每五天就给我讲一次格律和作诗知识。”白石解释说。

“这很好。陈老失子还真想得周到。苏东坡称赞王维的诗和画是‘诗中有画，画中有诗’，那是一点也不假。你看那首《山居秋暝》：‘空山新雨后，天气晚来秋。明月松间照，清泉石上流。竹喧归浣女，莲动下渔舟。随意春芳歇，王孙自可留。’把山居秋日的薄暮之景写得多么色彩斑斓，深幽古远，历历在目。”他似乎沉浸在王维勾勒的美好的秋色之中，继续说：“魏晋以降，山水诗兴隆，后来有人以诗作画。到了北宋，在诗里更以画形容山水了。你看北宋诗人林逋就写过‘忆得江南曾看着，巨然名画在屏风’。这个老和尚，还真有点诗情画意。同时期画竹名家与可也写了一首诗，有两句是‘君如要识营丘画，请看东头第五峰’。”

“营丘就是大画家李成。”陈少蕃插了一句。

胡沁园接着说：“当诗人登山临水时，满目江山如画，这画景就会引发了诗的陶铸。”

白石静静地听着老师的谈论，感到受益匪浅，相比之下，自己需要学习的东西太多了。

读完《孟子》之后，他开始阅读唐宋八大家的作品，利用了一切业余时间，把一部一百六十四卷《唐宋八大家文钞》硬是攻了下来。

对于指导白石的学习，胡沁园与陈少蕃的意见是一致的。就是让他比较系统地接受祖国深厚文化遗产，培养起高度的文化素养，为绘画创作打下坚实的基础。而对于八股之类的桎梏，他们在教学中极力摒弃，让白石接触更多的是形象鲜明、气韵生动的历史名篇。他同陈少蕃特别推崇三苏的作品，谆谆教导白石，古人的名作，要多读、多看、多思，做起诗文来，广览酌取，才能有好作品。

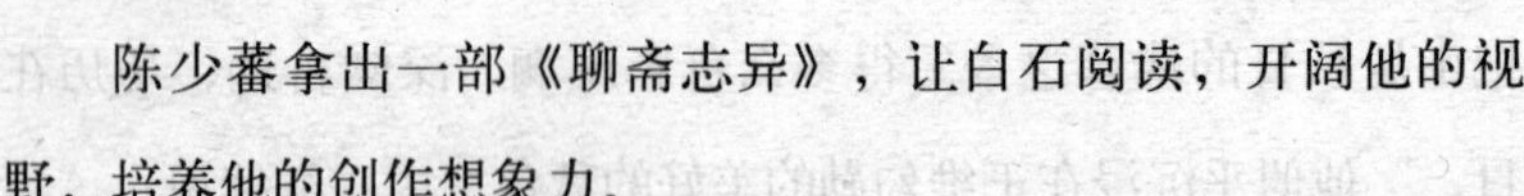

陈少蕃拿出一部《聊斋志异》，让白石阅读，开阔他的视野，培养他的创作想象力。

他们认为，要得笔墨山水的真义，没有深厚的文学素养不行。所以，他们把授画放在后，先教唐宋八大家。

学画是在另一个地方，前院临近胡沁园书房的一间宽大屋子里。

这间房子，除了胡沁园夫人、长子和陈老夫子外，不轻易让人进去。胡沁园把钥匙交给了白石，向白石敞开了大门。这件事，使白石深受感动。

开始教画的头一天，胡沁园早早来到画室，陈少蕃陪着。白石按照老师头天晚上的嘱咐，不带一件画具，空着手来，因为胡沁园为他准备了一套。

画室的进门处，摆着一副雕刻得十分精美的楠木屏风，他仔细看了一下刀法，认出是周之美师傅的作品。

画室前后都有窗，光线充足。中间摆着一张宽大的漆得乌黑发亮的画案，上面铺一块深绿色绒毯，桌上两端摆满笔墨、砚池、笔洗和大大小小的色碟。

西边靠墙并排放着几个装满画轴、宣纸的书柜。南窗上一盆葱郁的兰草，散发着幽香。一切显得淡雅、古朴。

“今天开始画课，”等白石落座后，胡沁园说：“你先从工笔开始，这是基本功。要训练线条勾勒，准确流畅。无论是粗线条、细线条，粗细交错，变化转折，要交替运用，渐渐会形成不同的风格。画得好不好，或简约质朴，或奔放活泼，或纤细，或粗犷，都是灵活地运用线条的结果。没有线条就没有画。”他看了白石一眼，问：“你听过明人学画的故事吗？那时，学生和老师相对而坐，座位前各放一张桌子，老师桌上放着许多大小不等的酒盅碗杯之类，学生桌上放着笔墨纸砚。老师开始先取一只杯子，口向学生，举示一下，学生就凭眼力，画出一个仿佛杯口大小的圆圈。老师再举示一下，学生再画一个。画圆，就是练线条。开始画大的，渐渐由大到小，再反过来，由小到大。一定画到学生能准确地画出老师所举示的杯子时为止。天天就这么练，训练观察力、记忆力和惊人的线条技艺。今天，就不必这样了，你已经画了十多年了。”

说着，他站了起来，走到书柜前，取出一幅画轴，展示在画案上：“你过来看看，这是一幅唐人周昉的《簪花仕女图》。”

白石近前一看，立刻被画中逼真的人物吸引住了。

“这是唐代的杰作。”胡沁园接着说：“这幅画秀润匀细；这纱衣的线条把一个个贵夫人富有魅力的丰满的肌肉和动作的韵律感，深刻地表现了出来。这盛开的辛夷花，人物面部眉、眼、嘴角传神的情景，都用线条的交错、变化，粗细相济地表现了出来。”

他的食指随着他的话语在画面上流动着。

“画画根本在线条，然后是立意、布局。总之，石要瘦，树要曲，鸟要活，手要熟。立意、布局、运笔、设色，式式要有法度，处处要合规矩，才能画成一幅好画。”

白石静心地听着、默记着。

“你过去画了不少画，但毕竟没有经过严格训练，没有经过名师的指点。”陈绍蕃说。

“我看从临摹开始，这是基本功。临摹要认真，先看几遍原画，再临。临一幅，算一幅，来不得半点的疏散。”胡沁园从柜里又取出两幅完全一模一样的山水画，一幅是新裱的，一幅是有点微黄、陈旧的。

“你说哪一幅是原作，哪一幅是摹品？”

白石没有马上回答，仔细地从头到尾看了一遍，摇摇头。

“这幅新裱的是原作，这幅是我临的，好多年了，当初整整花了十天时间。”

白石一听，眼睛睁得大大的，再仔细地、对比地看着两幅画，惊讶极了。胡沁园临摹的那一幅，简直达到了乱真的地步，要不是他亲自指出，白石还以为那就是原作。

学习，就按胡沁园的安排，从线条、立意、布局、运笔、设色等几方面进行着。并且，每讲一节课前，先看他的几幅藏画，再加以解说，教给要领。作业，就是要定期交作品。

白石终于正式走上学习绘画的道路，他如饥似渴，废寝忘食地学习着，练习着，几个月下来，人瘦了，但绘画上却有了长足的进步。

十六 卖画养家

1880年7月1日，春君生了一个男孩，这是白石的第一个儿子，后来取名良元。白石接信后，匆匆地赶回了家。

家里的境况不好，人口增多，年景不是旱就是涝，田里庄稼收不了多少，赋税又重。全家人常常有了上顿，没有下顿，过着十分凄苦的日子。

胡家安适、丰厚的生活，不但没有拉开他同家庭的距离，反而加强了他对家庭的关切和怀念。每当夜阑人静，妻子愁苦的面容，父亲弯腰驼背、扶犁耕作的情景，母亲骨瘦如柴、风吹欲倒的身影一一浮现在眼前。他常常暗自流泪。

他只有争取一切时间加紧学习。自己对学画的强烈追求、胡沁园的厚望和家里的境况使他不可能按照常规这样长此学下去，必须快马加鞭，一天当两天，甚至当三天四天，他不顾疲劳，不顾身体，一个劲儿拼命学。现在已经初步学会做诗了。转眼又是阳春三月，一年一度的诗会，又在这座花园里举行。他在胡沁园的鼓励下，也做了一首诗，受到了称赞。特别其中有两句：“莫羡牡丹称富贵，却输梨桔有余甘。”大家一致认为是佳句。

胡沁园把白石的诗仔细地玩味了一遍，面带笑容说："不错，有含蓄，有寄托；格律也完整，不像初学。"

在座的许多人也异口同声地说："濒生是有聪明笔路的，别看他根基差，却有性灵，有才华，难怪沁园先生这样器重他。"

胡沁园看到白石进步如此快，家境又的确十分困难，便对白石说："我还是那句老话，卖画养家，这是一条路。我也可以为你张罗张罗。"

白石自己也认为雕花这行很费事，一件东西下来，没有几天、几十天功夫不行，可是得到的是很少的报酬，而且把身子困住了，其他什么都干不成。画画却没有什么限制，什么时候都行，自由自在，画起来也比较省事。何况他经过这一年的努力，艺术又大大往前跨了一步，基础扎实多了。他觉得胡沁园的话是对的，他决心卖画为生，卖画养家。

清朝光绪年间，这里的许多官绅大户，以至于一般的人家，时兴"描容"，也就是画像。在活着的时候，请画师给自己画个肖像，挂着欣赏。死了，子孙也要请人画个遗像，留作纪念。

前些年，肖芗陔、文少可教过他这种技艺，但他始终没有正式画过。据说画像收入多，他想走这一条门路。

他把自己的想法同胡沁园说了，胡沁园很赞成，很高兴，让他做些这方面的准备。

从家里回来的第二天上午，他正在学作诗，忽然胡家佣人请他到胡沁园的画室去。一进屋，他看见胡沁园正同一位年纪七十多岁、长须飘拂、童颜鹤发的长者交谈。

胡沁园见他过来，忙介绍说：“这就是我同你常说的云山居士。这是门生齐璜，齐白石。”

白石上前致礼。

“你准备好纸笔，给居士画一张像。”胡沁园用鼓励、期待的目光看着白石。

他一听，先一惊，继之便慢慢镇静下来。他理解老师的用意，点点头，赶快做好一切绘画的准备。然后取出一张太师椅，放在面向窗口的明亮之处，说：“请老师这边坐，这里光线好。”

云山居士高高兴兴地坐到太师椅上，端端正正，一动也不动，静候白石着笔。

白石一边观察老人的面庞特征，一边在纸上勾勒了起来。半个时辰过去了，画好了头部，他笑着对云山居士说：“请老师休息一下，活动活动，继续再画。”

云山居士一听，快步走到画案前，只见纸上的像同自己一模一样，十分高兴地问：“你画人像多久了？”

胡沁园未等白石开口就说：“仁兄是第一位。”

云山居士高叫了起来：“真不愧是名师高徒！这画得多传神。”

“他家境贫寒，想靠这谋生，还仗仁兄多多提携。”

“没说的，没说的。我一定到处传扬，鸣锣开道。”说完，云山居士回到了座位上。

白石看了一下他的体态，又走了过去帮他正了正身子，再回到画案前，聚精会神地画了起来。

傍晚时分，一张高三尺四寸，宽二尺的巨幅画像完工了。大家围在一起，仔细地看着，都称赞白石画得好，有功力，开了一个好头。

云山居士更是喜形于色，对沁园说："沁园兄，你手下有如此高手，我要带走几天，让他替我母亲画一张，再为老妻画一张，如何？"

"仁兄这样看重，小弟实在感激不尽。"沁园不住地点着头。"濒生，你说呢？"

白石深深一躬，说："两位老师的提携，濒生终生难忘。"

从此，白石画像的名声又四处传扬开了，找他画像的人越来越多。画一张像，人家就送他一两半两银子。这样，他画像得到的收入比雕花的收入要多得多，而且省事。于是，他放弃了木匠工作，正式开始绘画生涯。家里的生活也有了转机。

辛苦了一生的祖母，到了七十多岁的时候，看到白石现在在画画上出了名，挣了钱，怎么叫她不兴奋啊！

她拉着白石的手，深有感触地说："阿芝，你倒没亏了这笔。从前我说过，哪有文章锅里煮。现在我看见你的画，都在锅里煮了。你爷爷要在世，会多高兴。"说着，她那干涩的眼里，溢出了泪水。

白石明白，这不是悲痛的泪、伤心的泪，而是激动的泪、安慰的泪。他只有更加勤奋，更加努力画画，给祖母更多的安慰。

晚饭后，他伏在画案前，精心地画了一幅耕牛图，一幅兰竹图，挂在自己室内。又写了一幅条幅，上面写着“甑屋”两个大字。意思说：“可以吃得饱了，不至于像以前那样锅里空空的了。”

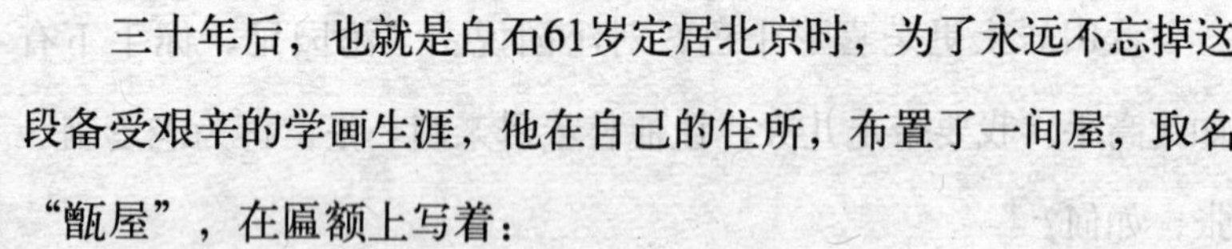

三十年后，也就是白石61岁定居北京时，为了永远不忘掉这段备受艰辛的学画生涯，他在自己的住所，布置了一间屋，取名“甑屋”，在匾额上写着：

余未成年时喜写字，祖母尝太息曰：“汝好学，惜来时走错了人家。俗语云：三日风，四日雨，哪见文章锅里煮！明朝无米，吾儿奈何！”后二十年，余尝得写真润金买柴米，祖母又曰：哪知今日锅里煮吾儿之画也；匆匆余十一矣，犹卖画于京华，画屋悬画于四壁，因名其屋为甑，其画作为熟饭，以活余年，痛祖母不能同餐也。

这是白石三十年间，卖画养家生涯的真实写照。

白石画像的技艺，经过几年的锤炼，可以说已经很有造诣了，但他的追求是不会有止境的。他揣摩历史上阎立本、吴道子、顾恺之、谢赫，直至赵佶、董其昌、石涛、八大山人的技法，苦苦求索他们的精微，在人物的肖像画作中，琢磨出了一种新的表现手法，使人物的纱衣里面，透露出袍褂上的团龙花纹。用这种手法画出的人物，栩栩如生，呼之欲出。

这是他长期潜心艺术而独创的一个绝招，胡沁园见了，也感到惊奇，感到高兴，大大地称赞他不拘古，有开拓的精神。

画像的技艺达到这种境界，标志着他的工笔技法已经掌握得很娴熟了，于是，他又扩而广之，由肖像逐步拓展到山水人物、花鸟鱼虫，摆脱了机械式的临摹或写生描画，进入到构思、立意的创作阶段。从此，白石开始把自己生活中积累起来的，活跃于脑际十几年、几十年的人物、飞禽、走兽、花木的形象，凝聚于一根毫管，表现出来。

西施、洛神、湘君，是白石手中应人之约常画的题材。他的侍女画，开脸生动，不呆滞，顾盼流连的目光，带着笑意的唇角，像活的一样，突破了民间过去神像的呆板、冰冷、毫无生气的形象，得到了远近乡亲们一致赞扬。

胡沁园对于门生的培养，是全力以赴的。他把从曾祖父以来几辈人搜集到的名画，以及许多名画经名家之手的临摹本，都毫无保留地拿出来，由白石临摹。白石的每前进一步，哪怕是一个手法上的小小的突破，都使他感到由衷地高兴。他引白石为知己。虽然他们在年龄、阅历、学识上存在许多的差异，但是，他深深感叹这位淳朴的农家之子那种刚正不屈、不俗、不媚的品格，那种对于艺术如痴如狂的执著追求。当他最初接触了这个多少带点稚嫩的年轻人时，就为他历经二十多年困厄磨难而绝不放下画笔的精神所感动。

胡沁园看着白石半月前送来的几张画。天暗下来了，他不想马上点灯。因为在黑幕里，可以把他心中，对于人生、对于艺术的一点烛光，衬托得更加鲜明、绚丽。

门响了一声，被轻轻地推开了，他纵横驰骋的思路被拉了回来。

“先生，怎么不点灯呢？”白石的声音。

“你回来啦！”沁园站起来去点灯，关切地问，“家里怎么样？”白石回家已经半个月，他想了解他家里的情况。

“母亲有点病，发烧，这几天好一点了。”白石说。

胡沁园招呼白石在自己对面的椅子上坐下，慈祥地端详着他，问：“肖芗陔你认识吧！”

“他是我的老师，教过我学工笔画，待我很好。”

“他现在就在家里。”

“他来了多久了？”白石急切地问。他忙于生活和学习，很长时间没有见到肖芗陔了。

“来了三天了。”沁园微笑着，“他知道你在这儿学画，很高兴，经常问你的情况。”

顿了一下。沁园又接着说：“我是请他来裱画的。我过去画的，你临摹的，我统统拿去请他裱了。”

“我想去看看他，他住在哪儿？”白石问。

“他刚去朋友家了，晚上很迟才能回来，明天去看也不迟。”沁园看着白石，思忖了一下，接着说：“有一事想同你谈一下。”

“先生有什么事，尽管吩咐，只要我办得到的，我一定尽力。”

“我想让你跟他学裱画。”沁园扬起头，若有所思地说：“这裱画可是一门艺术，学会了，裱裱自己的东西，好保存起来，不求人，方便。同时也可以给人家裱点，增加一些收入，算是副业，你看呢？”

白石没想到老师为他想得这么周到，感激地回答说：“那当然是件好事，我也想了多年了，就是家里穷，没有那么大的地方，一切用具都要买，花不起，不敢向家里提。”

“那就这样定了。”沁园很高兴。“我让我儿子仙逋跟着学，你们两个就有伴了。”

第二天清晨，胡沁园走到白石的住室，只见屋里亮着灯。推门进去，原来白石正聚精会神地伏案作画。

白石见老师来了，忙放下手里的笔，抬起头来：“您这么早就起来了。”

沁园看着他布满血丝的双眸，知道他又在熬夜作画，怜爱地说：“身体还是要注意，来日方长，慢慢来，不要画学会了，身体也垮了。”

“回家几天倒是都画了，不过没有临过一幅，心里挺不安的。临着临着，放不下，谁知道天就亮了。”

“我们一道去看看肖芗陔吧，他是个起得早的人。”他领着白石朝肖芗陔的住处走去。

白石铺这一带没有裱画铺，只有几个会裱画的手艺人，四乡走动，应人之邀裱画，肖芗陔算是一个。他是个全才，他的绝招在揭裱旧字画上。

裱画是个古老的行业，这一行的艺人，一般裱新画没问题，但要揭裱旧字画，没有多年工夫，就难以应付了。白石铺左右几十里只有肖芗陔有此本领。一件破损、陈旧的原画，经他的手能揭得不损分毫，裱得清新悦目。凡是有破损的地方，他用自己灵巧的手，补得天衣无缝，尽善尽美，污点、黑点也冲洗得干干净净。白石在跟他学画的那些日子里，亲眼见过肖芗陔的技艺。因为他当时只忙于学画，至于裱画，还没有想到，何况自己将来干什么，不也十分渺茫吗？到他听了胡沁园卖画养家的意见后，这个问题也渐渐提到日程上来了。

肖芗陔与白石能在这里重逢，十分高兴。白石的画比起前几年刚认识时，已经有了巨大的进步。他知道胡沁园倾注了心血，这一切都使他欣慰。

落座之后，胡沁园单刀直入地问肖芗陔：“有一件事还要麻烦你。”

“你尽管说吧！”

“帮人帮到底。”沁园指着白石，“你的学生，跟着你学裱画怎么样？”

“当然愿意。前几年学画时，我就想教他这门手艺，当时哪有地方？你到过他的家吗？生活也实在艰难。”肖芗陔看着白石，同情地叹了一声。

胡沁园很欣赏肖芗陔的豪爽，高兴地说：“不愧是名师啊！今天起，白石就同仙逋一样，是你的门生。”

肖芗陔眼里闪动着快乐的目光。

“本来就是门生嘛。”他指着白石，“这孩子聪明，学什么是什么，没错的。我看他会超过贵公子。”

胡沁园哈哈笑了起来：“那更好，我就要他们两人比个高低。”

早饭后，胡沁园让家人将画室的字画柜子全部搬到书房，将那两大间的画室，连同隔壁一间空房，全部腾了出来，打扫干净，给他们裱画用。

三间大屋，中间排着一张红漆的硬木雕花大桌子，四壁的墙上，放着光滑平整的木板格子。所有的轴干、别子、丝条、宣纸、绫绢，以及排笔、糨糊等裱画用的东西，准备得齐齐整整，应有尽有。准备时间整整花去了三天。第四天早上，胡沁园亲自陪着肖芗陔，带着白石、仙逋来看了一遍。

“怎么样？百事具备，只欠东风了。”胡沁园十分满意地环顾了一下房子。

“不错。”肖芗陔高兴地说，“我只有拿出浑身解数了。”

十七　学习裱画技艺

白石开始学裱画了。

从刷浆、托纸、刀上轴，他跟着肖芗陔一遍遍地学。开头，他站在肖芗陔的身边，注意看他的操作，琢磨每道工序的手法，为他取料，做脚活。

肖芗陔边干边教，告诉他刷浆要注意什么，怎样上纸。几天之后，白石在他的精心指导下，上架动手裱画了。

开始，他进度虽然不太快，但很仔细。用浆恰到好处。他特别注意选纸，根据原画画面的浓淡色泽，在颜色上做了精心挑选，裱出画来，对比鲜明，清淡雅致，受到肖芗陔的称赞。

三个月后，白石完全能够独立裱新画了。接着，他又学揭裱旧字画。

这是裱画艺人难以掌握的一门技艺，为了使白石能够很好、很快地掌握这门技艺，肖芗陔集中了一段时间，边示范，边讲解。

揭旧画是重新裱成新画的关键性的第一道工序。面前展现的这幅四周压上镇尺的宋人仕女画，四尺宽，二尺四寸长。经年累月，绫绢已经很碎了。肖芗陔仔细察看了一下，便动作轻快自如地在画上干了起来。他从右上边角开始，步步揭起，除了中午饭时间外，一直进行到下午才最后完工。白石一步不离地认真观看，不时询问要领和注意事项。这样，经过了半年多的学习，他无论裱新画，还是揭裱旧画，都裱得匀整、平贴，挂起来没有卷边和抽缩。

肖芗陔暗暗称奇白石的好学和聪颖。像这一套技艺，一般的人，没有三四年的功夫，是不可能独立操作的。肖芗陔当年跟着老师学习时，是学徒中比较拔尖的一个，也花去了两年半的时间才学会，而齐白石只用了半年的工夫。他感到这位年轻人的前途不可限量。自己马上要走了，但是要找个时间，同白石再长谈一下技法问题。

昨晚赶了一幅水墨山水，白石睡得很迟。他仿佛听见有人在敲门。他赶紧穿好衣服，下床开了门，面前站着一位中等身材的年轻人，白皙的圆脸上微微有些笑意。

“你是濒生兄吧，打搅你了。”年轻人深深鞠一躬，“我是黎丹，黎雨民。”

白石忙说：“请进吧，你莫非是胡先生的外甥雨民兄？”

“正是，正是。”黎雨民十分高兴地回答，“我舅舅早就同我谈起你，让我好好向你学习。这阵子因为一些事，一直在外省。今天才得到这个机缘。”

“太客气，太客气。没有你舅舅的栽培，哪有我的今天！”白石谦逊地回答。

“我今天来，有件事要拜托你。我有个本家叫黎松安，住在长塘，他家父亲上年辞世，托我请人绘个遗像。我同舅舅谈了，舅舅让我同你商量，不知你的意见如何？”黎雨民用期待的目光看着白石，等待他的答复。

“既然雨民兄这样看重我，我一定去。只是手艺粗陋，请多包涵就是了。”

“这就是你客气了，谁不知道‘芝美人’的手艺，就是家父，也十分钦佩。”于是，吃过午饭，白石带着画具和日常生活用品，跟着黎雨民去长塘了。

遗像整整画了三天。因为是胡沁园的亲戚，白石画得格外精心。无论是面部的表情变化，衣着服饰的款式，颜色，都一一作了认真地设计，使画出的遗像十分逼真，黎家上下无不称好。

一天傍晚，松安、齐白石一道，带着画，到他祖父——黎老先生的住室去。

黎老先生住在后花园东隅临湖一个宽大的平房里。室外，假山嶙峋，池水环抱，修竹丛生，显得十分幽静。

黎老先生年轻时才气横溢，是个名士，后来隐居山林不仕。他平生酷爱字画，尤其是宋明大家的山水图，不惜重金，广为搜罗。一生在平静的日子里，以翰墨为友，过着与世无争的生活。

平时，他很少出门，儿子的早逝，给他的精神很大的刺激。

他哀伤至深，常常一个人待在屋子里，暗自垂泪。

松安怕老人伤心寂寞，常常约些朋友到老人这里坐坐，谈诗论画，以分散老人怀念儿子的哀思。

今天他约白石来，也有这层意思。同时，遗像是老人亲自托胡沁园找人画的。如今画成了，应该让老人过目。

绕过假山，越过池塘，是一座一进三开的旧式住房。松安轻轻开了门，带着白石进去后，反手将门掩上。

白石一看，面前的藤椅上端坐着一位胸前飘拂着银丝、面容削峻的老人。白石知道他就是黎老先生。

松安向前微微一躬，说："爷爷，这位就是齐濒生先生，舅舅的得意门生。"

白石赶紧施礼说："白石向老人请安了。"

老人听力尚好，嘴角微微一动，慈爱地回答说："早就听说你手艺高，只是未见过。画好了吗？"

"画好了，画得真好。"松安赶忙回答着，把遗像挂在祖父对面的墙上。

老人微微动了一下，要站起来。松安、白石赶紧上前搀扶着老人，走到遗像前，遗像被夕阳的余晖照得通明。老人看着看着，止不住老泪扑簌，喃喃地说："画得真好，有神韵，特别是眼神和嘴角的笑容，他活着时，就是这样。"

松安怕老人太伤心，示意一下白石。两人很快把老人搀扶回原来的椅子上。

“你多住几天吧，”老人用干枯的手拉着白石的手，“你也替我画一张，早做些准备，免得临死又瞎忙一气。”

“您老人家说哪去了，您一定长命百岁。”白石宽慰着。

“生死自然事，谁也免不了。你给我也画一张吧！”老人心情这时平静多了，看着白石说。

“好，好。既然您老人家这样看得起我，我就给您画。”白石笑了。

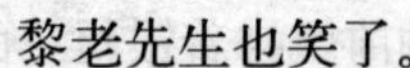

黎老先生也笑了。

白石与松安商定，黎老先生的画像，安排在每天早饭后的一段时间画，因为这时候是老人精力最好的时候。这样，他连续几天到老人室内画像。老人见这位年轻人如此认真，很是感激。当他知道白石艰辛学画的经历后，更是感动得不得了。他趁白石休息的时候，要松安把自己历年收藏的珍贵画卷，拿出来让白石观看。

“这些画，是我毕生的心血。”老人脸上放射出异彩，“张萱、周昉的作品，流传下来的不多了，就是后代的摹本特别是赵佶的摹本，也不多见。我这里倒有一轴，是35岁时去长沙，在书市买到的，当时右上角有破损，请肖芗陔给我重新裱了。其他如大涤子、朱耷的，你在沁园那见到了。我这里的，他没有，你拿去临摹吧，多住些日子，也算是我一点心意。”

老先生的山水画，胡沁园曾同他谈过，说是泼墨淋漓，清淡之中见变化，有石涛的风骨。至于老人收藏了这么多名人的绘画，恐怕沁园也不一定清楚。老人今天全数交给他临摹，他比得到什么都高兴。

松安对于祖父的这个举动，感到意外，甚至惊奇。因为在他的记忆里，他见到这名画，还是17岁那年，长沙来了一位名士，祖父搬出这画，请客人欣赏、品鉴，他当时才借机看到。那是第一次，而且是仅有的一次。而今老人竟然全部把画交给白石去临摹，怎么不令他感到意外呢！

“你真不简单，得到祖父这样的信赖。”松安悄声地对白石说。

“我也没想到。”白石说，“我得好好画，好好临，以报答老人的厚意。”

白石在松安家整整住了一个月，把老先生藏画中的珍品全部临了一遍。

白石在松安家画像和临画的消息，在长塘传开了。在黎家教蒙馆的王仲言和黎松安的许多朋友，都来看白石，大家相聚一起，谈论诗画，十分亲热。

一天夜晚，白石正在临摹，松安、仲言推门进来，他们轻步绕到白石的背后，仔细看看画卷上那匹拴在厩内，昂首嘶鸣的马，问：“这是谁的作品？”

“唐代韩干的《照夜白》。”

“这笔法简练。”仲言侧着头欣赏着，“笔墨不多，可是这强劲的长线空勾而成的外貌，把马画活了，而且那么壮健雄骏。”

“想不到你不但工诗文，对绘画也内行。”松安在白石身边坐下，笑着看仲言一眼。

“我只会看，可惜不会画。”仲言踱到白石的对面坐下，“白石兄，诗画同宗，你绘画艺术这么高，一定也是个诗才！”

“诗？”白石反问了一句，“那还是仲言兄的拿手。是不是，松安？”

松安笑而不答，只顾看着白石临摹韩干的那匹马。

“哪里，哪里。”仲言未等松安开口，赶忙辩解说，“听说沁园师有一次诗会，白石兄一诗惊四座。”

白石红着脸，反问一句：“你怎么知道？”

“百里之内，文人学士之中，谁个不晓？”仲言说着，脱口念了起来，“莫羡牡丹称富贵，却输梨桔有余甘。怎样，对不对？”

“那是过去了，白石弟一定有新的佳作。”松安露出一副幽默的笑脸望着白石，希望得到肯定的回答。

“这样吧，”仲言好像想起了什么似的：“我们不如组织起诗会，朋友们相聚相聚，找个幽静的处所，吟诗论画，倒也有趣味。”

白石沉思了一阵，笑笑说：“好是好。地点在哪儿？”

“是啊，在哪里好呢？”仲言附和着。他想了一想，又说：

“地点嘛，在白泉棠花村罗真吾、罗醒吾兄弟家，怎么样？那里地方开阔，他们兄弟都是熟人。”说罢，仔细介绍了罗真吾家的情况和环境。仲言办事利索，很快就把一切安排好了。

这之后的半个月，他们相聚了。起初才四五个人，围坐在罗真吾家庭院里的一棵梧桐树下，品着茶，无拘无束，谈论诗文、字画篆刻、音乐戏曲。这样海阔天空，漫无边际地聊了半天，兴尽而散，并约定了下一次相聚的时间与地点。

这样的聚会进行了好几次，大家感到有必要正式成立一个诗社。地点就在罗家附近，中路铺白泉北边的五龙山下。

山中那绿树成荫的峡谷之中，有座大杰寺，是明代的建筑。寺中的庭院里，十几棵历经百年的银杏树，葱郁、繁茂，枝叶相接，十分清静幽雅，是避暑的好地方。

罗真吾、罗醒吾兄弟先大家一天，上了大杰寺，向寺中方丈租了几间房子，作为社址。第二天一大早，白石、仲言上来了，不久，陈茯根、谭子铨、胡立三来了。除了陈茯根是新认识的外，谭子铨是罗真吾的内弟，胡立三为胡沁园的侄子，白石都会过，都是好朋友，一共七人。

诗会是在寺中大银杏树下举行的。两张方桌接在一起，上面摆放着五香豆、瓜子、茶壶、杯子之类，还放着文房四宝。

就座之后，王仲言因为是发起人，首先发了言：

“今天朋友相聚，良辰难逢。总得给我们诗会起个名字吧！”

“因地得名，就叫‘龙山诗社’吧。”罗真吾说，“有什么意见，大家谈谈。”

大家点头，表示赞同。

“好，第一个问题通过了。”仲言接着宣布，“第二个，得选个社长。虽然大家都是朋友，但总得有个主持的人。”

“按祖宗的惯例，年长为长，你们说呢。”胡立三看了罗真吾、罗醒吾一眼。

“这办法好。大家都报一报自己的岁数吧！”大家赞成，自报结果，白石的年纪最大，32岁。于是他当选为社长。

“下面就听社长的了，”仲言高兴地说，“我告退了。”说着，把白石拉上首座，自己坐到白石原来的座位上。大家鼓起了掌。

“好吧，大家信任我，我就试试看。”白石看了大家一眼，“今天的盛会，是否按老规矩，每人献诗三首，依年龄，由小到大。”

到了中午时分，七人都念了各自的诗作。五言、七言、律诗、绝句都有。胡立三还写了一首长诗。

龙山诗社的聚会，开阔了白石新的眼界，使他从朋友们那儿学到了不少新的东西。龙山诗社的活动，也在这一带传为文坛佳话。人称他们七人为“龙山七子。”

有天傍晚，黎松安与白石正在闲坐，谈论《沧浪诗话》，忽然望见不远处一个高挑个子、壮实身架的中年人向他们走来。那人走近时，对着白石作揖说："白石兄，还认得我吗？"

白石仔细一看，挺面熟的，但不知在什么地方见过面。那人见白石疑惑的神色，忙自我介绍说："我是铁匠张仲飏，十多年前，在白石铺的酒店里，曾会过一面。那一天，我的酒瓶落在地上，碎了，弄了你一裤子。"

白石一听，"噢"的一声叫了起来："你就是登寿兄。十多年未见面了，几乎认不出你来了，什么风把你吹到这里来了？"说着，他指着松安，"这是黎松安兄。"

仲飏高兴地与黎松安见了礼："久仰了，很高兴见到你。"

三人入了座。黎松安忙着为他们沏茶。

"白石兄的大名，四方远扬，我是慕名前来的。"仲飏说。

"过奖过奖。"

"起初我不知道白石是谁，后来老师告诉我，就是雕花的芝木匠。我听了，高兴坏了，就赶着来了。"

"你老师是谁啊？"白石问。他从来没听说过这位铁匠还有老师。他只知道他是铁匠，出身很苦，完全靠自己的苦用功，读了不少书，很有一点名气，还不知道他跟哪位名师学习。

"就是湘潭大名士王湘绮先生。"仲飏得意地回答说。

这一夜，张仲飏就同白石住在一起。由于相同的出身，苦难的家庭生活，对于艺术的执著追求，使他们谈论得十分投机，很快成了知心朋友。

龙山诗社的影响，远远出于白石他们的意料之外。在他们的影响下，黎松安也组织了一个诗社，以离他家一里之遥的罗山命名，叫“罗山诗社”。两家诗社的社友们互相来往，声声互通，热烈地讨论诗经、唐诗、宋词。从诗的演变发展、名家的长短，进而论及诗与人生、与社会、与其他艺术的关系。

这些诗友，都是二三十岁年纪，风流倜傥，诗情洋溢。他们作好了诗，写在纸上，觉得不美观，于是请白石为大家设计，绘制诗笺。白石一口承下。此后每当夜阑人静，他就在灯下，把纸裁得八行信笺大小，然后一张张地在左上角或下角，精心作画，有花卉，有山水，有虫草，有鱼虾。画完后，涂上淡淡的颜色，笔调清疏明丽，雅致大方，十分悦目。一个晚上，能画出几十张，他用了十几个晚上，画了几百张，分发给诗友们。

诗友们见到这些花笺，十分宝贵。作起诗来，也特别认真，似乎不这样，就配不上这样的好诗笺似的。

诗会上，王仲言兴奋地对大家说：“这些花笺，是濒生辛辛苦苦用十几个晚上画成的。他付出汗水，让我们坐享，我们要很好地感谢他。”王仲言的话音刚落，大家热烈地鼓起了掌。

“天才颖悟，不学面能，一诗既成，同辈皆惊，以为不可及。”这是王仲言在四十年后回忆“诗社”时对齐白石的评价。事实也确实如此，在“龙山诗社”，齐白石被誉为“诗仙”，王仲言为“诗正”，罗醒吾为“诗狂”，因胡立三写诗好东抄西凑，被贬为“诗贼”。当年齐白石最敬重王仲言，他们的友谊从青年时代一直到老年，愈老愈笃。数十年中，白石每有诗作，必寄给老朋友删改。

十八　逼出来的印章艺术

“齐先生，我们家请来了长沙刻印名家魏先生，你何不请他也为你刻一方？”主人家的陈相公喜冲冲地推门进来，对着正在作画的白石说。

“什么时候来的？”白石放下手里的笔，急切地问。

“今天中午到的，是我爸爸特地请来的。”

“谢谢你。我抽空去看看。”白石感激地送走了陈相公。

绘画要用印章，他是在从师肖芗陔，见到许多古代名画后才知道的。在这之前的十多年间，对于为什么用章，他没有深入地研究过。因为当时他认为，一个画家画了一幅画，题上字，盖上印，无非是为了表明作者的身份、姓名而已。而且，对于古画上往往有好几个款式不同的印，他感到不解。

真正了解印章在整幅画中的作用，是在拜胡沁园为师以后。

记得三年前，他绘制了一幅胡沁园的命意画——《山村小景》。沁园见了，十分赞赏。可是，老先生总觉少了什么。仔细看了一遍发现没有用印。

“画画应该用印，你为什么不盖章？”沁园不解地问他。

“我从来不盖印，也没有印。”白石不好意思地笑了笑，“因为画得不好，盖了章有什么用？”

“你以为盖章就是为了这个呀，你想错了。”沁园忽然想起他所见到的白石的画，都没有用印，“印章看起来似乎与画无关，其实呢，一方小小的鲜红的印，对于一幅画，是不可或缺的，能起着稳定节奏的作用。尤其是水墨画，盖上鲜红的印章，使整个画面更为明快，生动。”

说着，胡沁园取出元、朱两代一些名家的作品，请白石观看，细细地讲解了印的款式、种类和用法。这使白石大开了眼界，知道尺幅之内，竟有如此深奥的艺术哲理。

从这以后，白石知道了印章是门艺术。一般的画家要有两颗章，一为白文的刻姓名，一为朱文的刻号，还有叫“印语”的闲章。

胡沁园叫他赶快托名家治几方印章。可是多年来他一直没遇到刻印高手，今天听说陈家来了长沙的刻印名手，他当然十分高兴。

晚饭后，他匆匆地赶到长沙来的那个魏先生住处，想请他刻方印章。进门一看，屋里围着一大堆的人，都是请他刻印的。白石一见这情景，估计他在这里时间不会太短，就退了回去。

第二天上午，他又去了一趟，只见来刻印的人比昨晚的更多了。

三天后的一个傍晚，白石带着一方寿山石，跨进了魏先生的门。

室内没有其他的人。那个刻印的魏先生斜倚着桌子，肘子支着桌的左手上拿着一本书，右手放在右腿上，面朝里在看书。

“先生，请你给我刻一方印章，款式由你定。我叫齐璜，是这家主人请来画画的。”白石轻声地说着。

魏先生连头也不抬，毫不理会他，依然看他的书。

白石站了一会儿，觉得这人脾气有些怪，又说：“我的寿山石、姓名，都放在这里，麻烦先生一下。”

那魏先生依然没有反应，白石弄不清为什么，就退了出去。过了三天，白石又跨进了魏先生的室内。只见那人依然在看书。这次是正面，白石看清楚他瘦长的脸，上宽下尖，像三角形一样。大概抽了大烟的缘故吧，焦黄的脸色里带着黑影，没有一点血。小小的眼珠在浓密的睫毛掩盖下，如不仔细看，会以为他是闭着眼睛呢。

“先生，我那个印章刻了吗？”

“先磨磨平，再拿来刻！”话是从牙缝里挤出来的，带着一股傲慢的、不耐烦的味道。

白石觉得很不是滋味。而且自己的这块寿山石，是胡沁园送的，表面光滑如镜，还要磨什么呢？不过，人家是“名家”，既然这么说，他只好拿回去再磨磨。

第三天又送来了，放在桌子上。

“先生，这回磨光了，请你再刻一刻吧，款式请你定。”白石见他没任何反应，放下石章，退了出去。

这已经是第五天了，他估计这回一定刻好了，况且自己在陈家的活儿已画完，就要走了。早饭后，他先赶到魏先生那里。魏先生见进来的是他，瘦长的脸一沉，拉得更长了。他瞟了一眼，拿出那个寿山石，丢给白石说："没有平，拿回去再磨磨。"说着，鄙夷地白了白石一眼，转过身，依然看他的书。

白石遭逢到这样的白眼与凌辱，十分愤慨。天下哪有这样的"名家"，真是欺人太甚。白石努力地控制住自己的感情。

他取过印章，看了那个"名家"一眼，冷冷地说："我见过一些'名家'，但像先生这样的，还是第一次见到。人应该有人格，否则，即使有再好的手艺，也不过是充满铜臭的艺匠。"说着，昂起头，走了。

那"名家"一听这后生出语不凡，转过身来，张皇地看着他远去的身影。

白石迈着沉重的步伐，心潮起伏，连呼吸也急促了起来。从这"名家"的身上，他看到社会另一个角落里的一些人。他告诫自己，不管今天的艺术成就会怎样改变自己的身份、声誉和地位，但自己首先是个普普通通的人，一个贫苦农家的孩子，一个穷木匠。

他不相信世界上有学不会的事。何况胡沁园一再告诉他，应该学会自己刻印，这样，自己刻出来的印才能与自己的画，形成浑然一体的艺术风格。求人既然这么难，何不自己动手、自己发奋呢！

他取出寿山石，拿出细毫墨笔，写上了“白石山人”四个篆体字。而后从布袋里取出一把修鞋刀，在微弱的灯光下，一刀一划地刻了起来，一直刻到子夜，总算完成了他平生刻制的第一方印章。

这是一方白文的印，布局合理，刀法苍劲，隐隐有一股刚毅之气，也许因为是“愤怒之作”，所以盖在纸上很有神韵。他看到了自己的劳动成果，兴奋得一夜难以入眠，伴随着脑海里不断闪现的这方印，迎来了黎明。

起床洗完脸后，他看了挂在墙上的为主人画的那幅山水画，取了下来，在右上角，端端正正地盖上了这方印章。鲜红、明洁的印章同淡淡的墨色相映生辉，给这幅山水画平添了不少色彩。

陈家的活儿一结束，他顾不上回家，径直赶到了黎松安的家。

松安、仲言、黎薇荪见白石风尘仆仆地闯了进来，不知什么急事，又高兴又有些惊奇。

松安站起来让座：“说曹操，曹操到。刚才我们还在说你呢。”

“议论什么？”白石从衣袋里取出毛巾，擦着头上的汗：“松安，我求你来了，教我学刻印。”

“刚才我们说的就是这事。”松安忙着为他倒茶：“画画没有印章，可是一大憾事。上次你说要快来，结果一个半月了，连个影子也不见，谁晓得你干什么去了！”

“唉，有什么办法呢？为了肚子啊，陈家的活儿一干就是一个多月，还不让走呢！”白石呷了一口茶，看看仲言，看看松安，说：“今天是专程拜松安为师来了。”

“你一点也没有刻过？”松安问。

“过去没有，前天晚上被逼得刻了一块。”白石拿出那块寿山印章递给松安，“昨晚又赶了两方，你们看看。”

松安赶快去取了印泥，把三方印章盖在白纸上，三人轮流地看了好大一会儿，便议论开了。

“这刀法、构图都好，有造就，初次能这样，很不简单了。”仲言说。

“这‘白’字放下一点，‘石’字小一点，再有点变化，更显得有新意。”松安端详了一会，指给白石看，“所以，除了刀法外，方寸之内寓变化，这也是要有艺术匠心的。”

“这没关系，只要有松安这名家指点就行了。”仲言拍了一下松安说：“别老讲个没完，快给他安顿一下住下来吧！”

松安忙问：“你还未吃中午饭吧？我差一点忘了，真对不起。薇荪，你让家里做点儿饭，送到后院西房来。走，我们看看房子。”

白石在黎松安家住下了，专攻治印。每天只安排两个小时临摹。

仲言、松安从基本刀法开始，教给他进刀、用刀的方法。白石毕竟是雕花木匠出身，练就了一双零活的手和巧妙的技艺，腕力也好，所以，学起来，并不那么费工夫。每天清晨一起床，就着晚上已经准备好了的印石，一刀一刀地削下去，倒也不觉得费劲儿。

每天同石头打交道，刻了磨，磨了又刻，一晃半个月过去了，刻印有了很大的进步。

一天，黎薇荪仔细看了半个月来白石刻的几十方印谱，问他："濒生，你听说过黎铁安这个人吗？"

"是不是那个刻印章的能手？"

"是的，他是我的弟弟，和黎松安家也是同族。我大哥已去世了，我二哥就是黎桂坞，我排第三，我弟弟铁安最小。胡沁园不是要介绍你去他家作画吗？你去了，就可以见到黎铁安了，他一定会热心教你的。"黎薇荪恳切地说，"这里已经差不多了，松安也只有那点本事，已经全数教你了，我看你现在刻的，比他还好。你要再进一步，还是找黎铁安。"

白石忙说："那我明天就去。"

"你不先回家看看？已经两个多月没回家了，不想大嫂子？"黎薇荪打趣地说。

"不，我先找到黎铁安再说。"白石不好意思地红着脸，态度很坚定。

第二天一大早，白石就赶到黎铁安住处了。

黎铁安没有想到白石会突然找他来。因为他托胡沁园找白石画画，说活儿安排满了，要等到九月份。想不到，他竟现在就来了。铁安喜出望外。家人通报后，他赶紧从后院的池子旁，赶到了会客厅。

两人虽是初次见面，但彼此情况都十分熟悉，所以一见如故，谈得也十分亲热。

“你怎么这么快来了。”铁安高兴地问。

“原定九月份，昨晚临时决定来的。一方面为你画画，主要的要跟你学刻印。”白石说完，看着铁安微笑着的脸。

“原来是这样。”黎铁安笑了起来，沉思了一下说：“治印好办，听说你已经跟松安他们学了一段？”

“你怎么知道的。”白石有点惊讶。

“没有不透风的墙。”铁安又给白石倒了一杯茶，慢慢地回到自己座位上，“这好办，只要你肯学，先住下吧。”

在黎铁安家住下后，白天，白石作画，晚上，铁安就约白石到屋里聊聊治印的事。

“我总是刻不好，有什么好办法呢？”白石恳切地问。

“我看了你的印谱，还是有功力。不过嘛，”铁安拉长了声音，“刻印和你画画一样，主要靠练，南泉坤的楚石，有的是，你挑一担回家去，随刻随磨，你能刻到三四个点心盒都装满了石浆，那就刻好了。”

他语调轻松，但蕴涵着平凡的哲理和经验积累。

白石细细地玩味他的话语，心里一下亮堂了许多。

在铁安的具体指导下，他每天潜心于刻印。对于印章的尺寸，篆法，布局，笔画的曲折、肥瘦，白文与朱文，都一一进行了认真地体察、构思和比较。

一连十多天的时间里，他天天刻了磨，磨了刻，尘埃飞扬，泥浆溅身，一天下来，简直成了泥人。不过，只要他治的印章有一方在技艺、布局上有突破，他都高兴得不得了。

在黎铁安家学习了一段后，他又住到长塘黎松安家，继续练习治印。松安家一间洁净、雅致的客厅，如今成了白石刻印的场所。日子久了，这里到处是泥浆，几乎没有让人插足的地方。黎松安对于这些不以为然，他为朋友而高兴。他鼓励白石百尺竿头，更进一步。并且，把自己珍藏多年的丁龙泓、黄小松刻印的拓片，送给白石学习。

十九　大家王湘绮

这天，天刚麻亮，远山天际放射出万道霞光，把山峦烧得通红。张仲飏正走在通往白石家的路上，突然彤云密布，刮起了大风，接着，星星点点的雨丝落了下来。

他后悔自己没有带雨具。好在离白石家不远了，他加快步伐，急急地赶路。

张仲飏此来，是为了让白石拜王湘绮为师的。

王湘绮是当时湘潭名倾一时的鸿儒，声望在胡沁园之上。他的门生故友遍天下，其中不乏出类拔萃的，杨度就是其中一个。在当时，文人学士能够拜在他的门下为弟子，是一种很高的荣誉。无论是朝廷命官，还是乡间豪绅，只要听说是王门弟子，都要礼让三分。所以，在湖南境内，欲拜他为师的人纷至沓来。

不过，像齐白石这样的"怪人"，张仲飏还是第一次遇见。人家是求张仲飏，而今天，张仲飏反而求了他，主动向他提出，他反而说再考虑考虑，一直考虑了三年。不知他考虑成熟了否？他决定再去找找白石，何况老师一再提到这个齐璜。

一进白石家门，张仲飏便瘫倒在椅子上，眼睁睁地看着白石，一句话也说不出。

白石不知他为什么冒雨赶来，心想一定有什么急事。

他帮着仲飏换了衣服，让春君烧了一杯红糖姜汤，送到仲飏的面前。张仲飏也顾不了许多，就着热姜汤，吹着，喝着，把一大杯姜汤喝了下去。

过了一阵子，仲飏好像缓了过来，苍白的脸上慢慢泛上红晕，白石摸摸他的手，有点热气儿，高兴地说："你可吓了我一跳，干什么大雨天连雨伞也不拿就跑来了？"

"我是为你而来。拜师之事你考虑好了吗？"

听了张仲飏的话，白石想了想，缓慢地说："这件事，我考虑了很久，我是很敬重王先生的。不过，说句不客气的话，在他的门生中，有像你这样杰出的才俊之士，也有以先生的门生为招牌抬高自己的人。我是耻于与这些人为伍的。恕我直言了。"

"你的说法不无道理。"仲飏也在沉思着，"不过王先生十分敬重你。他很器重你的画，经常问起你。你先会会他，也没有什么的。"

"这样吧，"白石扬起右手，在空中画了一个圈说，"我画东西，约个时间，同你一起去拜访他，如何？"

仲飏高兴地说："明智之举，明智之举，这样也好，可进可退。"

时间又过了三个月，已是寒冬腊月。白石过了37岁生日，带着自己特意准备的诗文、绘画、印章，去拜访王湘绮了。

王湘绮比他想象中个儿要矮得多。脸色白净，两只炯炯有神的眼睛，总是紧紧地注视着人。

他仔细地从头到脚看了一遍白石，微笑着说："早就听仲飏说起你，也听过你刻苦学画的事。笔墨丹青，易学难工，听说你画得不错了。"

"画得不好，很粗糙，还请先生评阅评阅。"白石谦虚地说着，递上一卷自己精心抄写的诗文。

王湘绮接过来，从头到尾，慢慢地翻阅着，没有出声。屋里静得很，没有一点儿声音。

白石等王湘绮阅览了诗文，赶快站了起来，将带来的两轴山水画和一幅草虫画，轻轻地展开在他面前。王湘绮看着，连连点头，赞不绝口："好手笔，好手笔，又是一个寄禅黄先生哪！"

白石一听将他与寄禅黄先生相提并论，脸一烧，心脏好像也跳得快起来。

他知道寄禅是他们湘潭的一个很有名的和尚。俗家姓黄，原名读山，是宋朝时黄山谷黄庭坚的后裔。出家后，法名敏安，寄禅是他的法号，又自号八指头陀。他少年寒苦，发奋攻读、潜心绘画，很有成就，远近闻名。王湘绮把白石与寄禅和尚相提并论，使他很感动。

离开王湘绮的家，已临近傍晚时分。他始终没有弄清楚王湘绮对他诗文的看法。只是第一次相见，不便问，他要仲飏代为打听一下。因为王湘绮毕竟是名儒，工于诗文，名噪一时，听听他的指点，对于自己的学习是有好处的。

回到家里，刚跨进门，只见黎松安端坐在屋里。他一见，非常高兴地走上前去，拉着松安的手说："什么风把你吹来了？这么长时间也不来玩玩。"语调里带着责备。

"你是大忙人，哪还记得我们。"松安俏皮地看着他。

"你等好久了吧，有什么事？"白石不理他的话，正经地问。

"让你做笔好生意，如何？"

"什么生意生意的，不爱听。谁要画画？"白石不高兴地看了松安一眼，为他重倒了一杯茶。

"别这样生气了，我是特意来的，"松安依然笑笑说。"知道谭延闿吗？两广总督谭钟麟的大公子。"

"听说过。他怎么啦？"

"人家很欣赏你的镌刻，请你治十几方印章，刻什么，都带来了，怎么样？一笔好买卖吧？"说完，松安又狡猾地一笑。

在白石众多的朋友中，黎松安是很知心的一位。在艰难困厄之中，松安对于他的倚重、帮助，他是永远不能忘怀的。今天介绍他给谭延闿治印，也暗暗包含着黎松安对他的一片心意。

黎松安知道白石这几年的镌刻，已经有了相当的水平，并且独辟蹊径，逐步形成了自己的路子。他决心帮他在社会上扬扬名，以免被埋没。今天远道而来，专程等候他这么长时间，就是为了这个。

白石从内心感谢这位患难之交。他感激地说："其实你刻得比我好，为什么你不刻呢？"

"这件事嘛，我想了很久了。"松安脸色严峻了起来，"你没忘掉八九年前的'名家'之辱吧？我想有一天，你的印章同你的画一样，也会远近闻名。你的印有创新，在许多方面比我强多了，但是，说句心里话，知道的人不太多。谭家原先是找我刻的，这是真情，我想了想，还是你合适。这样，你就会有更多的机会展现才艺。"他说着，有些激动，语调由缓而急、由低而高。

白石被他的深情厚谊感动了，接受了这个任务，更主要的是接受了松安的这片心意。

整整半个多月的时间里，他推迟了其他的事，使出全身解数，设计了几十种方案，最后选定了比较满意的章法、笔法和刀法，精心刻出了十几方印章。他细细地欣赏了一番，很是得意。他带着印章和以前答应送给松安的画，找松安去了。

数天后，黎松安到杏子坞白石家，告诉他印章已经转给了谭家，并将润资交给了白石。白石留下松安，想一起好好聊聊。

黎松安告诉白石，王湘绮老先生是很器重他的。前些日子他过生日，来了不少名士儒生，他特意把白石的画挂了起来，大大地介绍了一番。谈到这里，他不解地问："王先生这样器重你，你拜在他的门下，也不辱没你。其实仲飏也是一片心意。"

“我倒不是怕那个。而是担心别人说闲话，好像我是靠着名家吃饭，何苦呢？”

“那就管不了那么多了。路遥马力，日久人心。慢慢的，大家就会了解你。”

“听人家说，王先生说我文可以，诗有点像《红楼梦》里薛蟠做的，这话还真是点到了要害，我写诗完全写我心里头要说的话，很少认真修饰字面，自己看看，也确实有点霸王味儿。”

“不见得。我倒喜欢你的诗质朴无华，情真意切，不事雕刻，意境也开阔。”松安叹了一口气：“哎，个人有个人的胃口。”

时近中午，春君特意为这两位朋友的相聚做了几碟可口的菜，买了一斤酒，两人对饮起来。喝到半中间，张仲飏急急忙忙赶来了。白石高兴地拉他入座，重摆上一双筷子、一个杯子，春君又炒了一盘蛋，一盘腊肉。

仲飏连喝了几杯酒，便上了脸，红红的，一直红到脖子，眼睛也布满了血丝，他带着几分朦胧的醉意，直直地看着白石问：“你给谭家治印啦？”

“是呀，你怎么知道的？”

“我能不知道。有些事，你不知道，我可知道，信不信？”

“什么事啊？”松安不解地问。

“你老兄干的好事。是你介绍他给谭家刻印的吧！”他转向松安，“谭家那几个好兄弟，懂得什么金石，以耳代目，干蠢事。”

白石听出他话里有话，急忙问：“你把话说清楚，到底出了什么事？”

“什么事？”仲飏又灌下一杯，激愤地说：“他们把你刻的印全给磨了。”

“为什么呢？”松安问。

“为什么，还不是那个狗屁不通的丁拔贡。什么拔贡、拔钉的。”

“哪个丁拔贡？是不是自称金石名家的丁可钧？”松安又追问了一句。他不满仲飏这种慢吞吞的作风，可又不好发作。

“谭家听姓丁的说濒生刻的印不知是那一路，不守章法，就统统磨了，请姓丁的重刻。你说，姓丁的刻印是哪一路？还不是和濒生一样，丁龙泓、黄小松这一路？可恨不？”仲飏解开衣服扣子，掏出手帕，不断地擦着颈上、脸上的汗。

白石没有言语。他的心像是被谁猛击了一拳，久久缓不过气来。他平生没有受过这么大的凌辱，遇到这么难堪的事。

松安望着白石铁青的脸，感到了事情的严重性。他愤慨地放下筷子，站了起来：“这欺人太甚了，我找谭家说说。”

白石一把按住他，努力控制住自己的情感：“何必呢！这事也怨不得谭家。人各有所好，愿意请谁就请谁，只是那个丁拔贡实在太过分了。”

仲飏后悔自己不该在这样的场合说这么多话，他宽慰着：

“丁拔贡的话，也不一定是真心话，无非是为自己揽些生意，搞江湖上的生意经罢了。其实，你的画、金石，王湘绮老先生都赞不绝口，他见过的精品，难道比丁拔贡少？”

松安经他们一说，倒比刚才冷静了许多，回到原来的座位上，若有所思地说：“文人相轻，自古而然。提防着点倒是必要的。濒生以后还会遇到比这更麻烦的事。”

“王老先生还很思念你哩！”仲飏换了一个话题。

“濒生还是该听仲飏的话，拜在王老先生门下，求得艺术的进益，有益无害呀。”

“那就这样吧，仲飏，什么时间登门拜师，你定吧。”

张仲飏为终于说服了白石而高兴，赶忙答道：“明天吧，我同你一道去，怎么样？”

天际泛着鱼肚色，深夜唤起的创作激情，还在冲击着他的心。白石放下毛笔，倚靠着藤椅，细细地观赏着墙上挂的一个多月来，自己潜心创作的十二幅六尺中堂《南岳全景图》。

南岳是生他、育他的地方。这一片神奇、瑰丽的土地，逶迤于衡阳、衡山、湘乡、湘潭、衡东、长沙之境，方圆数百里，主峰七十二，像一条巨龙，奔腾在苍茫的云海之中。回雁峰是首，岳麓峰为足，祝融峰最高，各个雄伟峻峭。如今，他把这万千气象的南岳色彩鲜明地绘于纸上，倾注着他对故土的眷恋。

进行这样巨幅长卷的山水创作，他还是第一次。两个多月前，也就是他同张仲飏一道拜师王湘绮后的第三天，胡沁园派人来请他，说湘潭县城里的一个江西盐商，最近游览了衡山七十二峰，被那壮丽的山河景致所折服，决定重金聘请名画家绘画《南岳全景图》。他让白石去应聘，由松安带着他的亲笔信陪白石到盐商那里去。

盐商早就听说白石的山水画湘潭闻名，又是名儒胡沁园介绍来的，十分高兴。当下就请白石绘制七十二景图，一个半月完工。

白石问他有什么具体要求，盐商眯起眼睛，想了想，说："我不懂画，你拿主意好了，不过要画出气派来，"他右手在空中比划着，"着色要浓重点，这样显得气派。"

按着盐商的意见，白石用重色画出了那重峦叠嶂，层林沟壑，一眼望去，浓绿欲滴。十二幅画，光是石绿一色，就足足用去了两斤。晚年时，白石老人谈及此事时说，这真是个笑话。

四天后，在那间宽大、明亮的客厅里，盐商把一幅幅《南岳全景图》挂了起来，真是气象万千，泼墨淋漓，熠熠生辉。盐商提着烟壶，一幅一幅地端详着，连连叫好，赞不绝口。

"这十二幅画，了了我平生之愿。"盐商踌躇满志地回到座位上，乐哈哈地看着白石，"感谢齐先生的辛劳。"他伸出左手，把放在桌子上，用红纸包着的一封封银子递给白石。

"这三百二十两银子算是给先生的润笔，望笑纳。先生丹青妙笔，前途无量啊！"

白石想不到他会给这么高的润格。这三百二十两银子，在那时可是了不起的数字啊！

他装好银子，径直地回到了家里。顾不得路上奔波的辛劳，便把一包包银子放在了桌子上。全家都围拢来了，惊讶地、喜悦地看着。有生以来，齐家人哪见过这么多的银子！

婆婆颤巍巍地走到桌旁，伸出那干枯的手，一包一包地抚摸着。泪，顺着眼眶汩汩地淌下。

白石触景生情，一种交织着欢乐与痛苦的情感，涌上了心头，他忙扶着婆婆，在椅子上坐下。

“这银子来之不易，可不能轻易花，得办点像样的事。”齐以德站在门槛边，抽着烟。

“我看买点田。租人家的，受了多少气。”齐周氏感慨地提议着。

“还是买房子好。”春君看大家沉默了一阵，说：“这几年，添丁加口，这几间房子已经住不下了。他天天作画，连个宽敞一点儿的地方都没有。桌子上堆得满满的。屋里进去三个人就转不开身。上次画好的画没地方放，孩子进去玩，给撕得粉碎。他回来一看，就打孩子，打了又抱着孩子哭……”春君说不下去，怜爱地看了白石一眼。

“我看春君说得在理。”婆婆接上了话题，“还不如买个空房，租也可以嘛！”

“那就这样吧，我明天去跑跑。”齐以德说。

十多天后，他们终于找到一所房子，在离白石铺不远的狮子口，莲花寨下面是所梅公祠，连同附近几十亩祠堂的祭田，正在招人典租，索价八百两银子。白石没有那么多的钱，恰巧他的一个朋友愿意同他合作，出四百八十两银子，要了那祭田，白石花三百二十两银子，典住了那房子。

他选择了个黄道吉日，同妻子春君带着两儿两女，搬到梅公祠来了。

这里山清水秀。尤其是莲花寨到余霞岭这二十来里的区域内，冬末春初，梅花满山道开放，姹紫嫣红，生机盎然，使他置身于诗情画意之中，于是，他把梅公祠，取名为“百梅书屋”，并做了一首诗：

最兴情是旧移家，
屋角寒风香径斜，
二十里中三尺雪，
余霞双展到莲花。

梅公祠内有一块空地。他在那里盖了间书房，取名“借山吟馆”。房前房后种了几株芭蕉和其他一些花卉。夏季，芭蕉沐浴着阳光，在肥沃的土壤里，伸枝舒叶，碧绿的茎，宽大的叶，有一人多高，生机勃勃，特别是那红得如血的朵朵鲜花，更给这小天地增添了无限情趣。

梅公祠前，还有一汪水塘。他春天在很远的地方取来了莲种，种在塘里。盛夏，荷花宽大的绿叶，衬托着一枝枝出水盛开的荷花，白的、浅红的，分外妩媚、妖娆。

一个夏天的傍晚，凉风送爽，白石在这芭蕉、荷塘旁漫步，莲荷出污泥而不染，亭亭玉立，他想起周敦颐的《爱莲说》。人爱牡丹，而他独爱这莲花。儿时读到这里时，弄不清老夫子的情怀，而今，他才悟到那其中寄寓的人生真谛。

“濒生，你搬到这里来啦？”一个熟悉的声音传到了他的耳里。他回头一看，原来是小时枫林蒙馆的学友陈先生。

白石高兴地与他见礼：“到家里坐坐？”

“不啦，以后再专程拜访。”陈先生高兴地察看了一下周围，“这里可变了样了，真不愧是画家，简直像个花园。不过，书房为什么叫‘借山吟馆’？”

白石笑了笑：“意思不难明白，山不是我所有，我不过借来娱目而已！”

陈先生哈哈大笑起来，鞠了一躬，别了白石，很快消失在夜色之中。

刚才的谈话，远处的群山，一塘荷花，几叶芭蕉，轮廓清晰地呈现在眼前，把他的创作激情从心灵的深处召唤了上来。他赶紧跨进了屋。春君见他要作画了，忙着为他展纸、调墨。他沉思了良久，提起笔，用淡墨在上方勾勒了几处山峰，接着恣意挥洒了起来，到子夜时分，一幅《借山吟馆图》便展现在眼前。

初到梅公祠的一年里，白石主要是读书作诗。这里幽雅的环境，助人诗思。白石最喜欢秋风雨夜，那潇潇簌簌的风声雨声，令他诗情不断。他写了一首诗，专门记述那情景，其中两句是"莲花山下窗前绿，犹有挑灯雨后思。"

这一年中，白石写的诗，竟有几百首之多。

二十 千里西安行

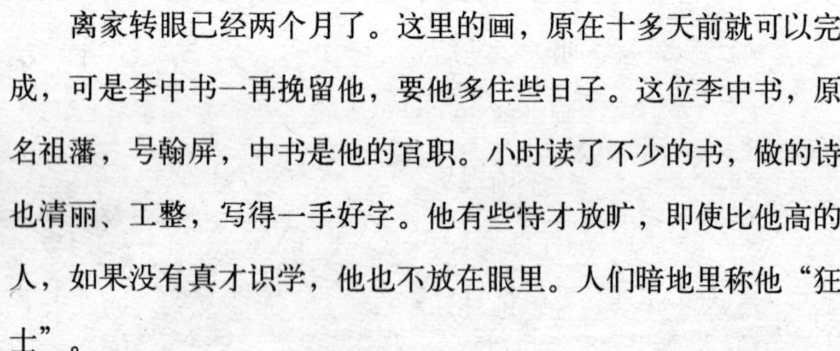

离家转眼已经两个月了。这里的画，原在十多天前就可以完成，可是李中书一再挽留他，要他多住些日子。这位李中书，原名祖藩，号翰屏，中书是他的官职。小时读了不少的书，做的诗也清丽、工整，写得一手好字。他有些恃才放旷，即使比他高的人，如果没有真才识学，他也不放在眼里。人们暗地里称他“狂士”。

齐白石想不到这位“狂士”会如此礼贤下士，诚恳热情地款待他，对于他的画，无论是人物、山水，都十分赞赏。在办完公务之余，时常来到白石的画室，看他作画，聊聊绘画、书法和金石方面的问题。

“听说白石兄金石镌刻也不错，不知学的是哪一路？”李中书取过一把椅子，坐在白石的对面。

“我主要是学黄小松一路。”

“噢。”李中书应了一句，“兄弟倒存有李阳冰的《缙云城隍庙记》、《三愤记》的部分拓片和‘听松’二字的拓片。你有空，可以看看。可惜得很，《谦卦铭》拓片前些年搬家时，已经遗失了。”

白石听他这里有李阳冰的拓片，十分高兴。下午，李中书派人给白石送来。白石如获珍宝，一个下午，关在屋子里，仔细地品赏。

这样，他又住了十多天。春君怀孕，产期临近，他很想回去看看，安排安排。今晨一起床，他决定画完了这最后一幅芭蕉图，就不再接活了，明天或是后天，就回去。

昨晚，对于这幅画，他作了精心的构思。清晨一大早，他又跑到屋前的不远处，仔细地观看了一番芭蕉挺拔宽厚、翠绿欲滴的茎叶。用过早点，潜心伏案，胸有成竹地恣意挥洒了起来。

他好像听到门被轻轻地推开了。可能是李家的佣人给他送什么。他无暇去顾及这一切，全神贯注地画他的画。

“爸爸，妈妈让我给你送信来了。”一个幼稚亲切的声音在轻轻地叫唤他。

他停下画笔，回头一看，背后站着一个热汗涔涔、喘着粗气的男孩，这就是他的大儿子。

他高兴地把儿子拉了过来，让他坐在自己对面的凳子上。忙着替他擦汗、倒茶，关切地问：“你怎么大老远地跑来了？”妈妈生产了吗？家里一定有什么急事？他思忖着，迟疑地看着儿子。

“妈妈让我给你送封信，说是西安来的，有什么急事。”说着，他从衣袋掏出了信件，递给了白石。

白石拆开信封一看，原来是他的朋友夏午诒写的。他从头至尾细细看了两遍。信上说，他的内人姚无双，从小喜欢画，可是未得名师指点，西安这地方，画师不少，但没有深交，不便聘请，想来想去，还是请白石能北上西安一趟。信上又说，考虑到白石家境艰难，盘缠、润格，一并寄上，言辞婉转恳切。

白石看完了信，陷入沉思。过了一阵，他对儿子说："你先回去，告诉妈妈，明天上午我赶回去。妈妈怎么样了？"他蹲下身子，仔细端详儿子。

"挺好的，快生弟弟了。祖母担心她一人不方便，前几天过来住了。妈妈让你放心，说家里都好。"

"好吧。你先回去，这里有几个铜板，你带着，饿了，自己买点儿东西吃。"白石说着，送儿子向大门走去。

"爸爸不送了。大柳公公说在东头的大树下等我，一道回去，是妈妈嘱托他的。"儿子扬起头，亲切地看着白石，依依不舍地走了。

夏午诒是白石青年时代的朋友，戊戌科翰林，前不久改官西安。他妻子是名门闺秀，诗、书、琴都粗通一些，唯有这画，却无人指教。婚后，夏午诒也曾托人找画师到家教画，但是，如意的一个也没有，于是，他想到了白石，动了邀请他北上西安的心。

夏午诒的信来得很突然，尤其是邀请他去西安一事，大大地出乎他的意料，拨动了他一颗宁静的心。

他从来没有出过远门。应朋友之邀去作画、刻印，少则在外住上三四日，长则两三个月，完了事，就回家。中间临时有点急事，随走随回。对于这样的生活，他是舒心的。他没有更高的奢望，澹泊明志，温饱足矣，从来没有想到要发什么大财。

儿时读杜甫诗，他很欣赏诗圣那句“行万里路，读万卷书”的至理名言。读万卷书，这二三十年来，他是下了最大的苦心，创造条件，逐步做到的。搬到梅公祠，他精筑“借山吟馆”，除了作画，可以潜心读书，而且读得十分勤奋。“行万里路”，他却从未想过。

历史上，李、杜不要说了，像唐宋八大家，哪个没有年轻时代，远离家门，饱赏祖国的壮丽河山，丰富自己的创作源泉？可是，他们毕竟是一代文豪，而自己呢，不过是一个画师，虽然在湘潭这块土地上已经闻名遐迩了。

到家十天后，也就是清光绪二十八年四月初四，春君生了一个男孩。这是他的第三个儿子。按辈分，他给儿子取名叫良琨，号子如。

早晨，儿子呱呱坠地，中午，他又接到了西安来信。这次是郭葆生写的。原来他也在西安。

这是厚厚的一叠信。他轻轻的展开信，一行行熟悉的、秀丽的字，展现在眼前：

…………

无论作诗作文，或作画刻印，均须于游历中求进境。作画尤应多游历，实地观察，方能得其中之真谛。古人云，得江山之助即此意也。作画但知临摹前人名作，或画册画谱之类，还落下乘，倘复凭冯耳食，随意点缀，则隔靴搔痒，更其百无一是矣。只能常作远游，眼界既广阔，心境亦舒展，捕以颖敏之天资，深邃之学历，其所造就，将无涯矣，较之株守家园，故步自封者，诚不可以道理计也。关中夙号天险，山川雄奇，收之笔底，定多杰作。兄仰事俯蓄，固知惮于旅寄，然为画境进益起见，西安之行，殊不可少，尚望早日命驾，毋劳踌躇。

…………

言词之间，情意恳切，剖理明晰。白石看完，一言不发，暗暗思量。原来，这次邀他西安之行，夏午诒是同郭葆生他们商量好了的。而且，信上还说，张仲飏也在西安。

他有些心动了。能有这样一个绝好机会，出去看看，会会友人，游历祖国的名山大川，见见各地的风物人情，对于自己的艺术进展，当然会有极大的好处，郭葆生的话，不无道理。

不几天，郭葆生又寄来了一笔很丰厚的旅费和画画的润格。他想，看来不去是不行了。可是，这个家怎么办？

过了端午节，春君已经满月了。在一个风和日丽的日子里，他同春君抱着新生的子如，高高兴兴地去杏子坞看望爸爸、妈妈、弟弟、妹妹，郑重商量一下西安之行。

春君听到朋友们邀请丈夫去西安，远离家乡千里，心里很是留恋。因为从她13岁过门到齐家当童养媳至今日，他们一直恩爱如初。白石耐心地劝说她，给她念朋友的信，渐渐的，她感到画画需要开阔视野，应该支持丈夫的事业。至于家里的事，孩子渐渐大了，而且老人就在身边，总是可以安排妥当的。

到了杏子坞，齐以德夫妇见添了个小孙子，都很高兴，轮流地抱着，看着，逗着，小屋里充满了欢乐。

白石拿出十多两银子，交给了妈妈，作为给老人生活上的一些补贴。虽然他们分居而住，但是，经济上没有分开。白石作画的收入相当的一部分交给了妈妈，自己留了一部分，维持一家的生计。他知道父母劳累了一辈子，为他的成长，倾注了全部的心血，今天，他能够独立生活，有了比较多的收入，应该使老人家的生活有些改善。

白石把郭葆生等朋友邀请他去西安的事告诉老人，征求他们的意见。

爸爸默默地听着，不断吸着烟，不说什么。齐周氏看了春君一眼，问：“你有什么想法？”

“开始我也十分矛盾，几千里路，孤身一人，无人照料，有个头疼脑热的，怎么办？”春君说，“后来一商量，还是让他去的好。老在家，对他的画没好处。到了大地方，总比湘潭这地方认识的人要多，慢慢的，更多的人知道了他，说不定有大造就，这样一想，我也通了。”

“西安是六朝古都，听说那地方是不错的。”齐以德终于开口了，“家里你不用担心，我们会照顾好，而且孩子也大了。只是你从未出过远门。西安离这里多少路？”

“两千里。”白石回答说。

“两千里。”齐以德重复了一句：“是啊，这一路上，长途跋涉，吃得消？病了怎么办？西安那里有朋友照顾，不过毕竟是客居，总不如家里。”

“这些我都考虑过了，问题不大。我现在身体还可以，不出去走走，就晚了。至于身体，我会注意的。人家连盘缠、润格都寄来了，不去不好。”白石回答说。

“既然这样，那就去看看吧。”齐周氏将孙子交给春君，“家里的事，就不挂念了，春君能干，我们也时常去照应。”

事情就这样定了下来。毕竟这是他第一次远游，所以，整个夏天，直至秋天，他和全家都为这次外出，精心地进行着各种准备工作。听说西安气候要比这里寒冷，春君特意为他做了棉衣、棉裤和两双十分合脚的千层底布鞋。

他给夏午诒、郭葆生去了信，告诉了自己的行期。离行期越是临近，他的心境越是不平静。在这四十年的岁月里，他没有离开过这生他、育他的故土一步。没有这么远的、这么长时间地离开过父母、妻儿。如今，他要走了，心里时时升腾起一股难以言状的留恋和惆怅。

这几天，亲朋故友听说他要去西安了，不断来探望他，为他送行。他暂停了作画，准备了画具、颜料，以便于路上写生。

“白石先生在家吗？”一天，他正在整理画笔，听到门外有一个女子的声音。

他开了门，面前站着一个十三四岁的小姑娘，闪忽着两只水汪汪的眼睛，淡淡的酒窝，白皙而秀丽的面容，招人喜爱。

白石端详了一下陌生的来客，亲切地问：“我就是齐白石，你有什么事吗？”

那姑娘一听面前这位就是齐白石，脸一红，低下头，轻声地问：“有一事相托，不知先生答应否？”

“你先进来坐坐，什么事，慢慢商量。”白石热情地请她到借山吟馆坐下。

“你找我画画吗？”白石见她不断巡视着他墙上挂的画，便问。

“不，”那姑娘闪动了一下双眸，莞尔一笑，“我想跟先生学画画，不知能纳否？”说着，脸上泛起了少女特有的羞容。

白石暗暗地吃了一惊。在他笔墨丹青的二十多年时间里，想跟他学画的人不少，但女的要求学，而且求教上门，这小姑娘还是第一个。

白石重新打量了一下小姑娘，感到她非同一般，有灵气。

“你过去画过画吗？”

“画过。不过很不像样，没有老师指点。先生画名，湘中闻名，但不知能收我为弟子否？”她眼里闪烁着期待的目光。

白石一时被她真切地追求艺术之心，深深感动了，他处在矛盾之中，踌躇了半天，他宽慰地解释着："你要学画，很好。可惜，我马上就要出远门了，去西安。一位朋友相邀，来信催得紧，我想不去了，他们不断来信催，我不得不去，去信告诉了他们的行期。你看怎么办？"

姑娘那充满了渴望的神情，暗淡下来，蒙上了一层惆怅的阴影。沉默了好半天，才说："我来迟了，其实一年前就想来了。那时要是坚决一点，就好了。"她小声说，失望中带着悲凉，"那只好这样了，等先生回来后再说。麻烦先生了。"

她站了起来，向白石深深一躬，走了。

白石送她到大门外，默默地望着远去的身影，心里涌起一股难以言状的情绪。他想不到这位小姑娘这样醉心于艺术，把希望寄托在他的身上，而他，给了她什么呢？除了失望与惆怅，还有什么？

两天后，他接到了一封信，没有写信人的地址，字很秀丽。白石打开一看，原来是那位姑娘写来的。信上有这么几句话：

…………

俟为白石门后生，方为人妇，

恐早嫁有管束，不成一枝也。

…………

多么有追求、有理想的女子！白石视野渐渐模糊了，隐隐之中，他仿佛看见那位姑娘，背着画具，兴高采烈地朝他走来……

我应该去看看她，答应她，等我回来后，一定教她学画画，不能使那一颗赤热的心，冷却了。

白石想到这里，感到自己有一种义不容辞的责任。他想着，收起了信，大步迈出借山吟馆，赶了四十多里的路，到姑娘家去道别了。

白石突然出现，使姑娘喜出望外。她有些歉意，先生马上要远行了，还要专程跑这么远来看她，她眼眶里饱含着泪水。

“先生这么忙，还赶来，我实在不敢当。”姑娘深情地说。

“我应该来看看你。一来答应你的要求，一定教你学画画，二来向你道别。”白石宽慰地说。

“先生要走多久？”

“至多一年吧，”白石看了姑娘一眼：“快一点，半年我就回来了。”

“那太谢谢你了，我一定等着。”她红着脸，低下了头。

“这是一幅腊梅图，前天赶出来的，送你做个纪念。”白石把一幅画着傲霜斗雪、含苞待放的梅花的画卷，展示在姑娘的眼前。

“这实在不敢当，太谢谢先生了。”姑娘高兴地接过画，品赏着。

“来不及裱了，”白石说，“你如觉得有意思，再找人裱一裱。时间不早了，我得赶回去。”

姑娘默默地跟在白石的后面，出了大门，淡淡一笑，“祝愿先生一路平安！”白石也与她还礼作别。

已经是深秋的季节，满山遍野的枫叶，像一簇簇烧着的火焰，给这寂寞的群山增添了无限的丰姿与生气。他好像第一次突然发现了家乡这样的美，家乡的父老、兄弟、姐妹是那样的纯真。如今，他要远走了，到一个陌生的地方去。对于故土，对于父母、妻儿，难免不产生一种难言的深深依恋的心情。更何况，他又意外地遇到这样一件牵肠挂肚的事！

黄昏时分，他赶到了家。黎松安早已等候在那里了。他一看白石进来，高兴地迎上前去：“来迟了，昨天从长沙回来，才知道你要远行，今天就匆匆赶来了。”

白石见是松安，自然分外高兴。在二十多年艰辛的绘画艺术探索中，松安对于他的支持与帮助，是难以尽述的。

白石这个人，自认为对于人生、对于社会，对于艺术，有着自己独特的理解。对于存在人类之间那种纯真的至爱至善的关系，从孩提时代开始，他就有了一种最初的、明确的态度，那就是，在他一生的道路上，曾经给过他这样那样、或多或少帮助的人，他是永远、永远铭记在心，终生不忘。这种情感，一直维系到他生命的最后岁月。

千里西安行，齐白石从此走向了更广阔的世界，他将遇到更多的良师益友，在艺术的道路上向着光明愈走愈远……

后 记

这本书是根据我的《彩色的一生——艺术大师齐白石传》一书节选、改写的。我对艺术巨匠齐白石高洁的人品、艺品的敬仰，都在书中，在字里行间。

齐白石的一生给予我们的启示是多方面的。他有自己人生的理想之光和不懈追求。无论家境多么贫寒，处在怎样的逆境中，他始终没有放下手中的笔。这使人想起了传说中的夸父追日，那样一种至死不悔的精神。

盛夏酷暑，付聪编辑千里跋涉，几经周折，找到我，希望写写齐白石的青少年故事，以给奋斗中的青少年一点启迪。我为她的敬业精神所感动，放下手上其他的事，完成这部作品。一部书的面世，不知熔铸了多少人的心血，在这里我要感谢河北人民出版社，感谢付聪编辑的辛劳和付出，感谢为本书的出版而辛勤劳动的朋友们。

作 者

2011.8.18

北京 亦庄